万众创新时代下的
企业创新与财务管理

沙亦鹏　叶明海　王伟榕　著

同济大学出版社
TONGJI UNIVERSITY PRESS

图书在版编目(CIP)数据

万众创新时代下的企业创新与财务管理 / 沙亦鹏，叶明海，王伟榕著. —上海：同济大学出版社，2019.12

ISBN 978-7-5608-8797-5

Ⅰ.①万… Ⅱ.①沙…②叶…③王… Ⅲ.①企业创新—研究②企业管理—财务管理—研究 Ⅳ.①F27

中国版本图书馆 CIP 数据核字(2019)第 235073 号

本书由同济大学"国家创新发展"交叉学科领域一流学科建设、同济大学经济与管理学院资助出版

万众创新时代下的企业创新与财务管理

沙亦鹏　叶明海　王伟榕　**著**

责任编辑 陆克丽霞　**责任校对** 徐春莲　**封面设计** 陈益平

出版发行　同济大学出版社　www.tongjipress.com.cn
(地址:上海市四平路 1239 号　邮编:200092　电话:021-65985622)
经　　销　全国各地新华书店
排　　版　南京文脉图文设计制作有限公司
印　　刷　大丰科星印刷有限责任公司
开　　本　710 mm×1000 mm　1/16
印　　张　8.25
字　　数　165 000
版　　次　2019 年 12 月第 1 版　2019 年 12 月第 1 次印刷
书　　号　ISBN 978-7-5608-8797-5

定　　价　50.00 元

前 言

2018 年 11 月 5 日，国家主席习近平在出席首届中国国际进口博览会开幕式并发表主旨演讲时，宣布将在上海证券交易所（以下简称“上交所”）设立科创板并试点注册制。2019 年 7 月 22 日，科创板正式开市，中国资本市场迎来了一个全新的板块。

在上交所新设的科创板将坚持面向世界科技前沿、面向经济主战场、面向国家重大需求，主要服务于符合国家战略、突破关键核心技术、市场认可度高的科技创新企业。科创板将重点支持新一代信息技术、高端装备、新材料、新能源、节能环保以及生物医药等高新技术产业和战略性新兴产业，推动互联网、大数据、云计算、人工智能和制造业的深度融合，引领中高端消费，推动质量变革、效率变革、动力变革。设立科创板是落实创新驱动和科技强国战略、推动高质量发展、支持上海国际金融中心和科技创新中心建设的重大改革举措，是完善资本市场基础制度、激发市场活力和保护投资者合法权益的重要安排。

从市场功能看，科创板将推动资本市场和科技创新的深度融合。科技创新具有投入大、周期长、风险高等特点，科技创新离不开长期资本的引领和催化。同时，科技创新的高收益也会促进科技和资本的深度融合，加速创新资本的形成和有效循环。补齐资本市场服务科技创新的短板，是科创板从一开始就要肩负的重要使命。

科创板在我国还是新生事物。在此背景下，本书希望从学术研究的视角，探索万众创新时代下科技创新和公司金融之间的互动关系理论，为科技型企业和中国资本市场的发展提供管理启示。

企业与资本市场最主要的交互就是财务管理活动。企业需要通过融资活动从资本市场获得财务资源用于投资和经营活动。投资和经营活动所获得的资本的保值、增值是企业反哺资本市场，以及让所有投资者共享企业运营发展成果的前提。企业和资本市场需要形成良性和有效的互动关系。

创新是企业应对愈发激烈的市场竞争、频繁的产品更新，以及加速的技术突破和全球经济一体化进程加快的必然选择。创新本身的高不确定性和可能带来的高收益性会与企业的财务管理活动之间产生交互影响。推动科创板的发展就要通过市场化的手段来提升上市公司的质量。科技创新是科创板上市公司的质量核心。

本书主要分为三篇，分别从融资活动对企业创新的影响、企业创新对投资活动的影响以及企业创新对于经营活动的影响三个视角，来探索企业创新对财务管理活动的交互影响关系。在每篇当中，都采用了文献研究、案例研究以及定量研究这种科学的学术研究范式开展相关研究。其中，文献研究将回顾前人的研究，为我们的研究提供经验与启发。案例研究都选择了著名的公司，验证了我们的研究。定量研究是运用大量上市公司进行统计分析，为我们的研究提供科学性的保障。在此基础上，我们提出了相关的研究结论与管理启示，希望能为我国的资本市场发展以及创新驱动战略实施提供一些新的思路。

本书由同济大学“国家创新发展”交叉学科领域一流学科建设资金、同济大学经济与管理学院资助出版。感谢同济大学经济与管理学院企业管理专业硕士毕业生高丽蓓、会计学专业毕业生曹娅楠、王奕琪以及李佳璇为本书收集了相关案例以及数据资料。感谢同济大学出版社以及编辑陆克丽霞老师等为本书的出版所做出的努力。

沙亦鹏

2019.8 于上海同济园

目 录

第二篇 企业自主创新对投资活动的影响研究

第三篇 企业自主创新对经营活动的影响研究

第1章 时代之问

1.1 万众创新时代降临

自1978年改革开放以来，中国经济持续四十多年快速发展，在提升综合国力和改善人民生活质量方面取得了举世瞩目的成就。自十八大以来，面对世界经济复苏乏力、局部冲突和动荡频发、全球性问题加剧的外部环境[1]，面对我国经济发展进入新常态等一系列深刻变化，中国经济、社会建设碰到了诸多困难，但经济、社会总体发展仍旧取得了显著进步。“十二五”规划确定的主要目标和任务都已达标完成。我国的基础设施水平全面跃升，高技术产业、战略性新兴产业加快发展。创新驱动发展战略大力实施，创新型国家建设成果丰硕，天宫、蛟龙、天眼、悟空、墨子、大飞机等一大批重大科技成果相继问世，且都达到了世界先进水平。“十二五”期间，每万人口发明专利拥有量的规划目标是3.3件，到2015年年底实际达到了6.3件/万人，超额实现目标，取得了数量可观的知识产权成果。

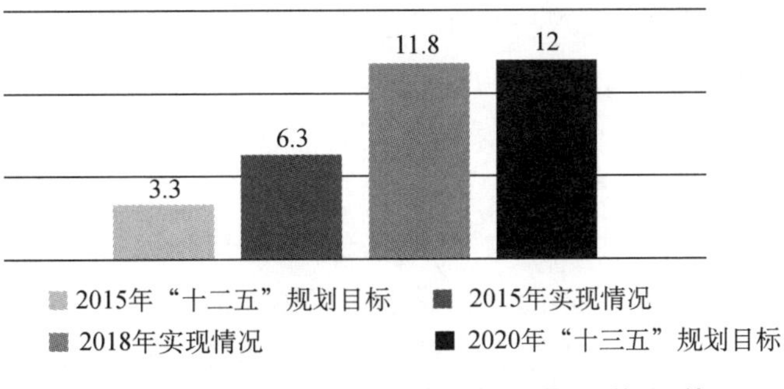

图1-1 中国每万人口发明专利拥有量 （单位:件）

数据来源:中华人民共和国国民经济和社会发展第十三个五年(2016—2020年)规划纲要、2018年知识产权年度统计数据与特点(知识产权统计简报2019年第1期总第1期)。

与此同时，发展中不平衡、不充分、不可持续问题仍然十分突出，发展质量和效益不够高，创新能力不够强，实体经济水平仍有待提高，经济增速换挡、结构调整阵痛、资源与环境的约束明显加剧。面对新的形势和挑战，在十八届五中全会上，党中央提出了五大新发展理念，并在"十三五"规划中明确指出："'十三五'时期是全面建成小康社会决胜阶段。必须认真贯彻党中央战略决策和部署，准确把握国内外发展环境和条件的深刻变化，积极适应把握引领经济发展新常态，全面推进创新发展、协调发展、绿色发展、开放发展、共享发展，确保全面建成小康社会。"

进入新时代，我国经济已由高速增长阶段转向高质量发展阶段，由资源、能源驱动转向创新驱动。创新是引领发展的第一动力，是建设现代化经济体系的战略支撑。要以创新为基础，推动经济发展的质量变革、效率变革、动力变革，提高全要素生产率，建设创新型国家，不断增强我国经济创新力和竞争力。为了适应创新驱动战略实施的需要，"十三五"规划纲要中指出，预计在"十三五"期间，每万人口发明专利拥有量还将继续增长 5.7 件，达到 12 件，全社会研发经费投入强度将达到 2.5%，科技进步贡献率将实现 4.7%的增长。截至 2018 年年底，我国每万人口发明专利拥有量已达 11.8 件，"十三五"的目标指日可待。在接下来的十年里，在政府的引导、鼓励和支持下，各类主体开发的新技术、新产品、新业态、新模式还将不断涌现。

要实现伟大复兴的中国梦，必须坚持自主创新，走中国特色创新道路。近年来，我国实体经济利润持续走低，经济出现脱实向虚的倾向。造成这一局面的主要原因是，现阶段实体经济出现"低端产能过剩，高端供给不足"的结构性问题，具体表现在：一方面，同行企业扎堆在中低端市场打"价格战"，形成恶性竞争；另一方面，产品和技术难以满足需求，产业链无法向高端市场过渡。因此，通过创新来推动产业结构调整、实现技术升级是解决当今需求和供给错配问题的关键。在改革开放的前四十年中，我国通过引进和改良国外先进的技术和产品得到了快速的发展。然而，在如今逆全球化思潮涌动、贸易保护主义抬头的国际形势下，只有通过自主创新把核心技术掌握在自己手中，才能真正掌握竞争和发展的主动权，推动新旧动能转换，实现中国经济的转型升级。

企业是经济转型的微观主体，也是创新主体。创新要以市场为导向，创造社会效益和经济价值。企业是为了满足市场的需求而存在的，并追求创造价值。创新是企业创造竞争优势、更好地满足顾客需求的必由之路，对于企业的存续和发展起着至关重要的作用。创新的市场化导向和企业创造价值的诉求完美契合。因此，企业是"大众创业、万众创新"时代经济和社会发展的主力军。

综上所述，关注我国企业的创新创业能力，尤其是自主创新能力，对于我国在新时代实施创新驱动战略具有重要的现实意义。

1.2 企业创新与财务管理的交互影响系统

财务资源是企业的生命线，财务管理是企业管理的重要组成部分。财务管理主要研究资金在企业中的运动规律，通过融资、投资经营、收益分配，实现企业价值最大化。财务管理活动如图 1-2 所示。

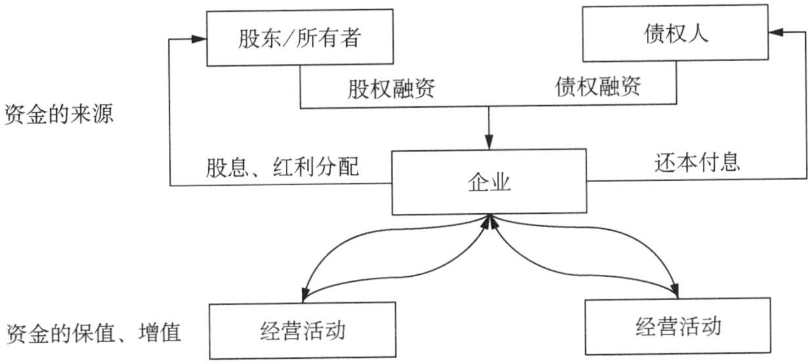

图 1-2 财务管理活动

融资是企业筹集资金的行为与过程，是进行投资活动和经营活动的前提。企业通过生产经营活动和投资活动实现资本的保值、增值。企业所实现的价值增值最终通过分配活动，让所有的投资者共享企业运营发展的成果。

创新创业管理和财务管理都是企业管理的重要研究领域。本书关注创新管理和财务管理两个研究方向的交叉融合，重点探究企业创新与财务管理的交互影响。本书结合企业的融资、投资和经营三方面的财务管理活动与企业创新的互动，如图 1-3 所示，回答三方面的问题。

本书要回答的第一个问题是：企业融资是否会影响企业的自主创新？企业自主创新需要资金的推动。企业融资可以分为债权融资和股权融资两种不同的方式。债权融资和股权融资在融资期限、融资成本、税盾效应上都有所不同，对于创新的推动也不同。在我国，以负债为代表的间接融资是企业最主要的融资方式。当前，我国政府在经济领域正在推行供给侧结构性改革，去杠杆①是其中

① 去杠杆的具体表现包括降低企业负债率。

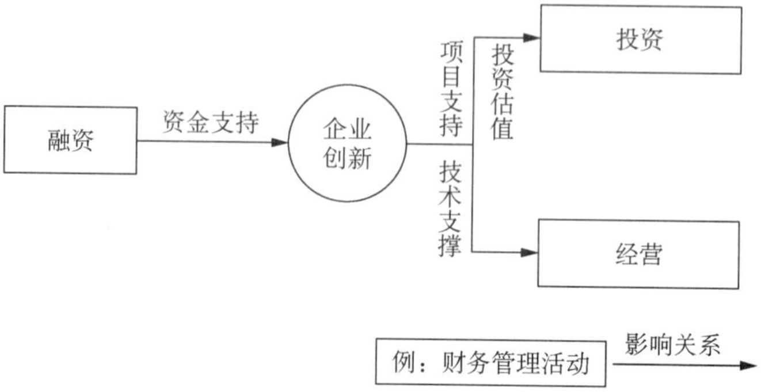

图 1-3　财务管理活动与企业创新的互动关系

的一项重要任务。如何在去杠杆的同时，保证企业的自主创新产出，就需要从更细致的角度把握负债的形成机理、把握企业融资和创新的关系。

本书要回答的第二个问题是：企业的自主创新是否会影响企业的投资活动？研究企业的投资活动主要关注企业的长期资产的购建和证券资产的投资及其处置活动。企业的长期资产包括企业固定资产、无形资产的购置与研发，这一类资产与生产经营活动是紧密相连的。而证券资产相较于实体资产而言，更具投机性。因此，我们更关注投资活动中与经营活动相关的长期股权投资。并购是获取这类资产的最主要手段。当前，创新已成为许多企业的并购驱动力，并在并购溢价形成的过程中起到关键作用。并购价格是并购的一个重要因素。因此，在这个问题中，我们主要聚焦于企业创新与并购溢价形成的相关关系。

本书要回答的第三个问题是：什么样的企业创新能更好地与企业的生产经营匹配契合、发挥协同效应？众所周知，企业创新的最终目的是帮助企业获得竞争优势，提升生产经营效率。在创新过程中，各类创新要素的投入决定了创新的品质，对于实现该目标起了重要作用。我们以更细致的视角来考察企业创新与经营业绩之间的关系，试图为企业创新资源的优化分配提供经验证据和管理启示。

针对上面提出的 3 个问题，本书后续内容包括 3 个子研究，共分三篇、18 章，具体结构如图 1-4 所示。

第 1 章是本书的绪论，主要介绍了时代之问即研究背景，在财务管理的学科范式下提出了企业创新与财务管理的交互影响系统及本书需要研究的 3 个问题。明确了本书的结构和所研究的内容的价值。

第 2～6 章是第一篇的内容，主要针对第一个问题“企业融资是否会影响企

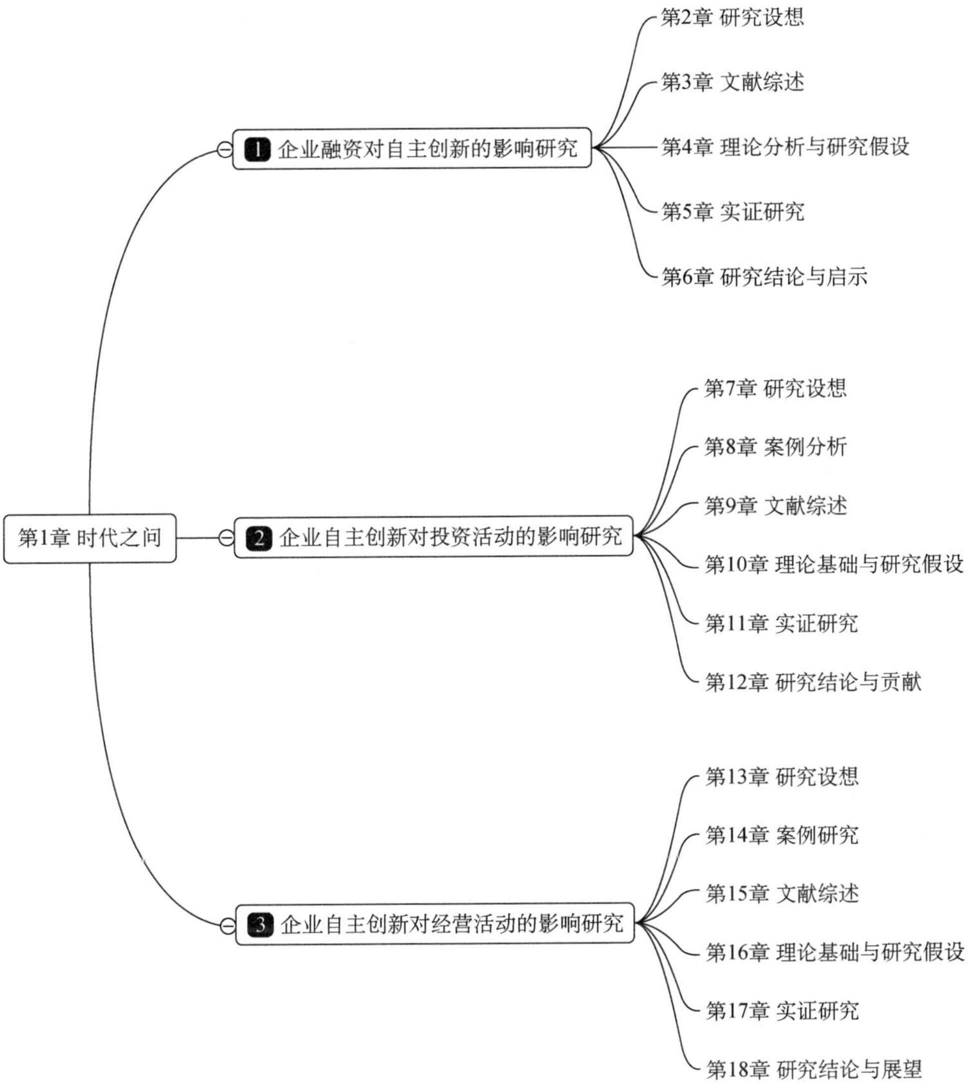

图 1-4　本书的结构框架

业的自主创新”进行了研究。该篇的研究基于文献综述进行了理论分析，提出了研究假设，并通过实证研究，对研究假设进行了检验。该篇的研究主要聚焦于企业异质性和债务的异质性。

第 7～13 章是第二篇的内容，对第二个问题“企业的自主创新是否会影响企业的投资活动”开展了研究。该篇的研究从财务管理实践中的案例开始，进行了文献综述、理论分析，提出了研究假设，并开展了实证研究。

第 14～18 章是第三篇的内容，主要回答了第 3 个问题“什么样的企业创新能更好地与企业的生产经营匹配契合、发挥协同效应”。该篇从历史上的著名企业家案例研究出发，由此发现企业家的创新对于企业的发展影响重大。在文献综述和理论分析的基础上，提出了研究假设，运用网络爬虫等大数据工具，获取了实证数据，运用二手数据对企业家的创新作用进行了实证分析。

1.3 研究价值

企业是市场经济中最具有活力的参与者，也是创新的主体。要实施创新驱动战略就要保持企业创新的积极性和活力。本书主要关注了企业创新和财务管理的交互影响，为如何保持企业创新活力提供了启发。

本书的理论价值主要在于：首先，从创新管理和财务管理两个研究方向的交叉融合出发，重点探究融资支持创新、创新影响投资和经营的交互影响，相关研究结果有助于丰富两个领域的现有研究。其次，本书在实证研究过程中，主要运用了二手数据，其中还运用了网络爬虫等大数据工具获取实证研究，为该领域的实证研究提出了新的思路。

本书在进行理论研究的同时，也注重对于我国创新创业实践的指导。如何在去杠杆的同时保证企业创新的活力、如何在创新活动中分配有限的企业家才能……本书的研究结论对于我国实施创新驱动战略，深入推进供给侧结构性改革提供了管理启示和政策建议。

综上所述，本书所研究的内容不仅具有重要的理论意义，也具有重要的实践价值。同时，对于扎根中国实践、总结中国特色创新创业管理经验与理论亦有重要的意义。

参 考 文 献

[1] 习近平.决胜全面建成小康社会夺取新时代中国特色社会主义伟大胜利：在中国共产党第十九次全国代表大会上的报告[EB/OL].(2017-10-27)[2019-05-16].http://news.xinhuanet.com/politics/19cpcnc/2017-10/27/c_1121867529.htm.

第一篇

企业融资与自主创新

负债是企业的主要资金来源，企业的债务融资会形成财务杠杆。财务杠杆与自主创新有着密切的联系。本篇以2010—2014年中国A股上市制造业企业为样本，实证检验了财务杠杆与自主创新的关系。研究结果表明：①财务杠杆会对企业自主创新产生影响，且该影响受到高新技术企业资质的调节。财务杠杆与自主创新在高新技术企业中正相关，在非高新技术企业中无显著相关关系；②不同于经营负债，金融负债形成的财务杠杆与自主创新在高新技术企业中正相关，在非高新技术企业中无显著相关关系；③将专利进行分类后研究结果依然稳健。本篇不仅丰富了财务杠杆与自主创新的相关理论，还对落实创新驱动战略、深入推进供给侧结构性改革具有一定的政策启示意义。

第2章　研究设想

2.1　具体研究问题

企业自主创新需要资金的支持。从现有成果来看，国内外已有大量学者研究了企业融资与自主创新之间的关系，发现内部融资、外部股权融资及外部债务融资均会对企业的创新活动产生影响，而其中关于债务融资对创新影响的研究始终未得到一个定论。因此，本篇将在前人的研究基础上，进一步对财务杠杆，即债务融资与自主创新的关系进行研究。

由于不同企业拥有不同的禀赋，因而对于资金的运用及其使用效果也会不尽相同。我们据此推测，债务融资对创新影响未能得到定论的原因是没有考虑企业本身拥有的资源以及能力的差异性。本篇试图把企业根据其拥有的禀赋的不同进行划分，以考察不同企业运用债务融资进行创新创业的效率与效果。

另外，经营负债与金融负债是两种不同来源的债务，有着不同的性质及治理作用，会形成不同的杠杆效应。已有学者研究证明经营负债与金融负债会对企业的某些经营管理活动产生差异性影响。然而现有文献中，鲜有学者考虑不同来源的债务对自主创新产生的不同影响。因此，本篇将在研究财务杠杆对自主创新影响的基础上，进一步对负债进行分类，以探究经营负债与金融负债所形成的财务杠杆是否会对企业的自主创新产生不同的影响。

2.2　研究意义

自主创新的推动需要大量资金的投入。在我国，负债是企业资金的主要来源。企业适当的债务融资能促进企业投资及利用财务杠杆增加企业收益。然而盲目地加杠杆不仅无法提升企业的业绩，反而加大了企业的压力与风险。融资以信贷为主的特点使得我国现阶段非金融企业杠杆率普遍过高。杠杆规模的超常混乱发展会导致国民经济虚拟化，实体经济日益萎缩，虚拟资本自我膨胀。若缺乏有效的监管，整个金融系统面临的风险将不断累积和放大，最终导致金融系统崩溃，引发金融危机，并对实体经济造成严重冲击。因此，为了防止高杠杆引发严重后果，我国把积极稳妥去杠杆作为现今的工作重点。去杠杆的目标是降低非金融企业的总负债率，目的是让企业在新常态下更健康、更稳健地发展。因此，不能简单地对所有企业减贷、抽贷，而应考虑不同企业的具体情况精准去杠杆。2018 年 4 月 2 日，中央财经委员会第一次会议上首次提出“结构性去杠杆”的概念，要以结构性去杠杆为基本思路，分部门、分债务类型提出不同要求，体现了分类对待的明确信号。

债务融资作为企业自主创新资金的重要来源，与企业的创新研发活动有着紧密的联系。因此，为了在去杠杆的同时保证创新在供给侧结构性改革中发挥其重要作用，本篇将通过文献和实证研究的方法，深入探究企业的财务杠杆会对其自主创新产生怎样的影响，以便后续为精准去杠杆及企业的自主创新发展提供决策依据及政策建议。

本篇对企业财务杠杆与企业自主创新关系的研究具有理论及实践意义。一方面，本篇的研究内容丰富了国内外关于企业财务杠杆与其自主创新之间关系的研究，并对负债按来源进行细分、对专利按种类进行分类，同时考虑高新技术企业对二者关系的影响，弥补了相关研究的空白；另一方面，本篇的结论可以为企业自主创新发展及政府去杠杆提供参考依据。需要自主创新的企业可以根据本篇的相关结论调整其财务杠杆，同时政府也可根据本篇的研究结果决定在去杠杆时应优先考虑什么样的企业，积极稳妥地推动精准去杠杆工作的进行。

2.3 研究方法

本篇的研究方法主要包括文献研究法和实证研究法。文献研究法是通过搜集前人的研究成果、研读文献及梳理理论知识形成对研究对象的科学认识，从而在已有的理论基础上提出研究假设。实证研究方法则是运用适当的计量经济学方法，通过统计软件对研究样本数据进行处理、分析，从而验证所提出的研究假设。

2.3.1 文献研究法

本篇研究拟通过查阅及研读企业财务杠杆与企业自主创新领域的重要文

献，在前人研究的基础上，结合我国创新驱动发展的战略及精准去杠杆的背景，提出研究假设，深入探讨企业财务杠杆会对企业自主创新产生怎样的影响。同时，本篇研究将通过文献查阅，选择适当有效的研究方法及回归模型，以保证研究结果的科学性和有效性。

2.3.2　实证研究法

本篇研究将采用实证研究法，依照提出的研究假设，设计实证模型，检验假设的正确性。本篇研究拟从万德(WIND)数据库及国泰安 CSMAR 数据库中下载相关企业财务杠杆、企业自主创新及高新技术企业辨别标准等数据，综合运用 Excel、Access 等软件进行数据整理，并按照科学、严谨的计量经济方法设计模型，运用Stata 13等统计软件对模型进行 OLS 回归及稳健性检验。

2.4　技术路线

本篇的技术路线如图 2-1 所示。

2.5　本篇结构

本篇具体安排如下：

第 2 章为本篇的研究设想。主要阐述了本篇的具体研究问题、研究意义、研究方法、技术路线图及本篇结构。

第 3 章为文献综述。界定了本篇的相关概念，回顾并梳理了国内外有关企业财务杠杆及企业自主创新之间关系的研究成果且对其进行评述，从而突出本篇研究的必要性，并提出主要创新点。

第 4 章为理论分析及研究假设。主要介绍并解释了财务杠杆对自主创新影响的既有理论，并在此基础上提出研究假设。

第 5 章为实证研究。设计相关的研究模型，选择相关数据，对之前提出的假设进行验证。

第 6 章为研究结论与启示。总结本篇的研究结果及对后续研究的启示。

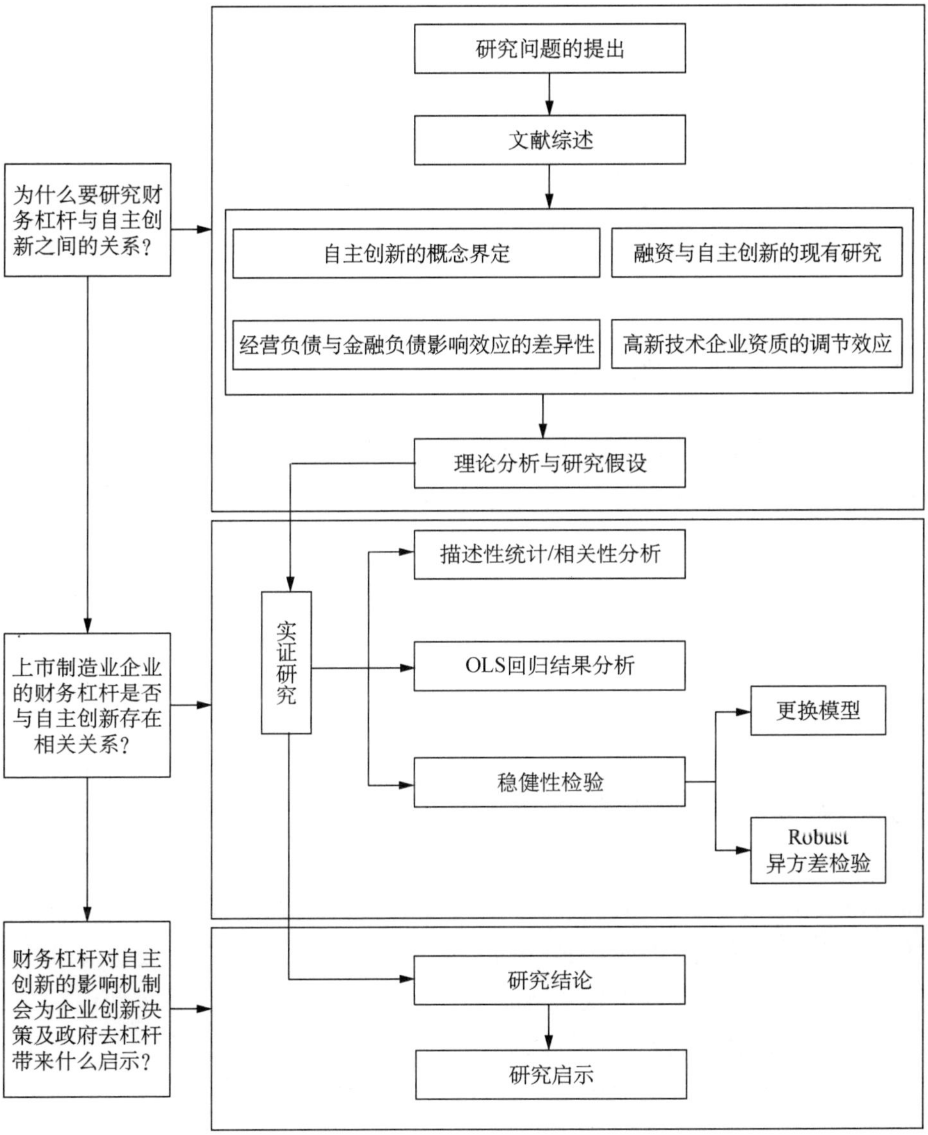
研究问题的提出
文献综述
为什么要研究财务杠杆与自主创新之间的关系?
自主创新的概念界定
融资与自主创新的现有研究
经营负债与金融负债影响效应的差异性
高新技术企业资质的调节效应
理论分析与研究假设
描述性统计/相关性分析
实证研究
上市制造业企业的财务杠杆是否与自主创新存在相关关系?
OLS回归结果分析
更换模型
稳健性检验
Robust
异方差检验
财务杠杆对自主创新的影响机制会为企业创新决策及政府去杠杆带来什么启示?
研究结论
研究启示

图 2-1 技术路线

第3章　文献综述

3.1　自主创新的概念界定

1912年，熊彼特[1]在《经济发展理论》一书中开创性地提出了"创新"思想。创新是建立一种新的生产函数，即在生产体系中引进并实现一种生产要素或生产条件的"新组合"。具体地说，创新有五种形式，即产品创新、技术创新、市场创新、资源配置创新和组织创新。继熊彼特之后，在发展创新理论的过程中，经济学家们又把创新分为了技术创新和制度创新。技术创新是指企业应用创新的知识和新技术、新工艺，采用新的生产方式和经营管理模式，提高产品质量，开发生产新的产品，提供新的服务，占据市场并实现市场价值的行为。

技术创新可进一步细分为自主创新、模仿创新和合作创新，其中自主创新是科技技术创新的核心[2]。自主创新是企业通过自身的创造性努力，应用新思想、新知识、新理论、新方法和新技术等研发出得到社会认可的新成果，以解决企业所面临的一系列问题，其高级表现形式为依靠创新掌握相关核心技术并获得自主知识产权[2]。早期一些学者认为自主创新就是自主开发[3,4]，或是通过自主研发而形成具有自主知识产权的新成果[5]。但现在一般认为自主创新包括三个内涵，即原始性创新、集成创新以及引进技术的消化吸收和再创新[6]。要推动自主创新的发展就需要提高原始自主研发能力、融合汇集相关技术成果的能力及对国外引进技术消化吸收再创新的能力[7]，这三者相互关联、相互促进，并都在自主创新中发挥着重要的作用。

自主创新的衡量方式一般有两种：

(1) 以研发投入作为衡量企业自主创新的指标。研发投入一般可分为绝对指标和相对指标两种：绝对指标主要集中于研发经费投入、研发人员规模、研发人员全时当量等指标；相对指标则包括研发支出与消费收入的比值或是人均研发费用等。研发投入是最早也是最常使用的衡量企业自主创新能力的指标，然而该指标存在着一定的缺陷：一方面，研发投入只强调了资金因素，而忽略了非资金因素对自主创新产出的影响；另一方面，并不是所有投入都能有效地转化为研发产出，投入与产出不对等的现象使得研发投入作为衡量自主创新的指标存在一定的不足。

（2）以研发产出作为衡量企业自主创新的指标。专利作为企业自主创新活动最直接且最重要的成果之一，在衡量企业自主创新的能力时较为具体且可靠。相比其他的产出指标，专利数据简单易得，提高了研究的可行性。此外，由于专利分类数据的可得性，把专利作为衡量自主创新的指标有利于学者们进行深入研究。在我国，专利可分为发明专利、外观设计专利和实用新型专利三种，由于三者分别具有不同的特性及作用，代表了不同的创新质量，因而近年来，越来越多的学者在研究中选择将专利进行分类，对不同质量的自主创新进行深入且具体的考察[8, 9]。

3.2 融资活动对创新的影响

融资是一个企业筹集资金的行为与过程，即企业根据自身的经营生产状况和资金拥有量等情况，结合企业未来发展的需要，通过一定的方式和渠道筹集资金，以保证企业正常生产经营所需的一种理财行为。企业的融资渠道有内部融资和外部融资之分。内部融资是指企业依靠内部积累进行融资，将留存收益、折旧资金及内部集资等自有资金转化为投资的行为。外部融资则是指企业吸收其他经济主体的储蓄，并将之转化为自己投资的过程。企业的外部融资主要分为债务融资和股权融资两大类。前者包括银行贷款、债券、应付票据、应付账款等，后者则主要指股票融资。债务融资会形成企业负债，需要企业定期还本付息，但债权人一般不参与企业的经营决策；而股权融资会形成企业的自有资金，投资者有权参与决策并获得红利，但无法撤资。国内外已有研究发现，融资行为会对企业的创新产生影响，但不同的融资有着不同的影响机制。

3.2.1 内部融资对创新的影响

“融资优序理论”[10]认为，企业在融资时会优先考虑内部融资，很多国内外学者研究认为，企业的创新融资也遵循这一理论。J. R. Brown 等[11]认为，企业的内部资金是企业创新投入的主要来源，内部融资避免了抵押手续带来的道德风险和逆向选择等问题，作为一种创新融资，其具有得天独厚的优势。同时，鞠晓生[12, 13]研究发现，内部资金是企业创新投资的重要融资渠道，尽管中国的资本市场不够发达，但企业仍然可以依靠内部融资来持续地进行创新活动。孙早等[14]通过对战略新兴企业 A 股上市公司研究发现，内部融资对于企业的自主创新投入会产生积极影响。

然而，内部融资也存在其自身的缺陷。内部资金的规模总是有限的。若是完全依赖于内部融资，企业的创新活动则很容易受到经济环境及市场周期等外部因素的影响，加之一些企业利润不稳定，或是没有长时间的内部资金积累，若不进行外部融资很可能会引起资金链的断裂从而被迫停止创新活动[14]。

3.2.2 股权融资对创新的影响

企业的股权融资是否会对创新产生影响一直都是一个备受关注的议题。

大量学者研究认为，股权融资会推动企业创新。J. R. Brown 等[11]研究发现，美国的中小科技企业主要是通过股权融资来进行创新的，并认为股票市场是 20 世纪 90 年代美国企业创新浪潮的主要推动力。因为一般情形下，股票投资者会更青睐高风险、高收益的投资项目，他们倾向于选择能为企业带来长期价值增值的项目，而创新正好符合他们的喜好。同时，企业的上市再融资会为企业吸引到新的资金和人力资源，推动企业的创新活动[15]。近年来，依托于互联网平台，众筹等新型股权融资形式应运而生，这些新的筹资方式降低了信息的不对称性，同时缓解了融资约束，极大地推动了创新创业活动[14]。

然而，企业的上市融资也会给企业创新带来一些消极影响。S. Bernstein[15]研究发现，企业在首发上市融资的时候创新质量会有所降低。并且上市会使企业面临很多限制创新的因素，如披露要求及代理问题等。未上市的公司在进行决策时具有更多的自由，不会过多地受短期收益的约束，企业会将更多的注意力放在长期的投资收益上，而这也就促进了它们对创新的投资。而上市企业中，经理人为了提高当前收益和股票价格，往往会牺牲创新、成长和长期市值。同时，由于存在代理问题，企业上市后会在经理人倾向性等因素的影响下，更多地将资金投向盈利水平较高，但风险相对较低的创新活动，对突破性创新等投资将会相应减少[16]。

3.2.3 债务融资对创新的影响

债务融资会为企业带来负债，改变其资本结构，形成财务杠杆。财务杠杆又称融资杠杆，是一种利用债务融资来放大收益和损失的财务管理工具。从这个定义上来说，负债率、资本结构及财务杠杆等可视作是债务融资的另一种表达。

创新是一项高风险的投资活动，需要大量资金、人力的投入，同时要求企业具有承担风险的能力。债务融资是我国企业获得创新资金的主要来源，但与此同时，债务又会给企业带来一定的还款及经营压力。从国内外的已有研究来看，债务融资对企业创新主要会产生正、反两方面的影响。一方面，债务能为企业提供资金支持，特别是长期负债能为企业的创新活动提供较长期的资金保障[17]，对企业的创新产生正向的影响。同时，负债被认为是解决或降低代理问题的一个途径。由于高杠杆的企业面临还本付息的压力，所以负债在一定程度上约束了管理者滥用资金、进行无效投资的行为，进而保障了公司对创新的投资[18]。并且，由于无形资产是对债权人额外的保证，所以创新能增加企业的负债能力[19]，企业为了持续获得债务融资可能会不断推进创新的投入，从这个角度来看，负债与创新成正比关系。

另一方面，首先，由于研发活动具有投入大、产出风险高、成果具有特质性难以抵押等特点，所以债权人往往不愿意将钱借给公司用于创新投入[20]。其次，债务的还款压力削弱了企业进行创新这样长期投资的积极性，在高杠杆的企业，经理人倾向于投资那些风险小或是能在短期内获得收益的项目，以尽快还清债务，因此他们往往会选择减少广告和研发支出，增加能获得短期现金流的投资[21]。再者，当企业负债较高时，从外部获得融资的难度就会加大，资金的缺乏会使企业错过有利的创新投资机会，对企业创新活动造成负面影响[22]。最后，当企业破产后，相比股东而言，债权人有优先求偿权，所以当企业负债率较高、破产风险较大时，公司做的任何投资所带来的未来收益都有可能被债权人占有，企业往往会产生创新投资不足的现象[21]。

但是，也有研究认为负债率与创新呈非线性关系。P. Aghion 等[23]认为，研发与负债呈倒 U 形关系，高研发和无研发的企业的负债率都比低研发企业的负债率低。S. Kang[24]认为，由于管理层对债权人负有限责任，所以投资创新若是亏损，债权人会帮助承担一部分损失，而若是研发成功，股东还能从超过负债的部分中获得收益，因而企业创新研发与负债率呈正 U 形关系。

3.3 经营负债与金融负债影响效应的差异性

经营负债是在日常的经营活动中自然产生的负债，其债权人一般为与企业有往来关系的供应商、经销商、雇员等。通常，经营负债以供销合同、劳务合同等真实发生的贸易为基础，期限较短，流动性较强。金融负债是指源于金融活动，企业为保证正常生产经营活动及为了投资目的而向银行或债券持有人等筹措的资金，一般具有金额大、期限长的特点，并且金融负债需要支付固定的利息费用，这是其区别于经营负债的主要特征。经营负债与金融负债因其性质、来源的不同，产生的财务杠杆效应也有所不同。近年来，越来越多的学者从负债来源结构出发探究经营负债和金融负债不同的作用机制及对企业不同的影响程度，并发现不同来源的负债对企业的影响存在异质性。

D. Nissim，S. H. Penman[25]将负债进行了分类，从经营负债和金融负债的角度对“杠杆的财务报表分析”及“杠杆对企业盈利能力与成长性的影响”等问题进行了研究，他们认为在经营中，企业需要从顾客、职工、供应商等处借款，形成经营负债，同时从金融市场举债为经营活动融资，形成金融负债。二者反映了不同的契约关系，并且有着不同的资本成本，因此二者会产生不同的价值启示。他们发现在企业总杠杆一定的情况下，经营性负债比例高的公司具有更高的盈利能力，故经营负债比金融负债更能提升企业的获利水平。

G. M. Mcmanus 等[26]受到 D. Nissim 和 S. H. Penman[25]研究的启示，将 ROE 分解为经营负债杠杆及金融负债杠杆，并比较了二者对企业净资产收益率的作用效果。其研究结果表明，将杠杆进行分类可以更好地解释不同企业间净资产收益率差异的原因，A. Tezel 等[26]认为，经营负债与金融负债对企业盈利能力的影响受企业规模的调节，在小企业中，金融负债的杠杆作用会小于经营负债的杠杆作用。

明蓓、霍彩云[27]研究了深圳中小板和创业板中小医药企业债务来源结构与现金持有水平的关系。研究结果表明，企业的金融负债会对现金持有水平产生消极影响，而经营负债会对现金持有水平产生积极影响，因此，为了提高现金持有水平，防范财务风险，企业在进行债务融资时应适当减少金融负债。

李建军[28]则以深圳中小板及创业板 70 家服务行业中小企业为研究样本，发现企业的经营负债与金融负债对企业盈利能力的影响存在差异。企业的经营负债高会有助于提升企业的盈利能力，而企业的金融负债高反而会使盈利能力有所下降。

3.4 高新技术企业对创新及其影响因素的调节作用

高新技术企业是指那些研发强度大、为社会提供高新技术产品及服务、以迅速的技术进步为标志的现代化企业。虽然世界各国对于高新技术企业的定义略有不同,但都强调了两个标准,即研发强度较高及研发人员比例较大。在我国,高新技术企业一般是指在国家颁布的《国家重点支持的高新技术领域》内,持续进行研究开发与技术成果转化,形成企业核心自主知识产权,并以此为基础开展经营活动的居民企业。高新技术企业需要满足六个条件:产品或服务属于《国家重点支持的高新技术领域》,拥有自主知识产权,科研人员比例高,研究开发费用大,高新技术产品或服务的收入多,各指标符合《高新技术企业认定管理工作指引》的要求。为鼓励企业研发,企业在取得高新技术企业资格后能够享受一系列的税收优惠政策,如减按15%的税率征收企业所得税及研发费用加计扣除优惠等。近年来有许多研究发现,高新技术企业的这些特性会对其创新的动机、条件及环境等产生影响,从而对创新与其影响因素间的关系产生调节作用。

刘运国、刘雯[29]通过对2001—2004年间454个上市公司的研发数据进行研究,发现在高新技术企业与非高新技术企业中,企业高管的任期对研发支出的影响存在显著的不同。高新技术企业的高管任期与研发投入呈显著正相关关系,而非高新技术企业的高管任期与研发投入之间并无显著联系。同时,企业的规模与非高新技术企业的研发投入呈显著负相关,但并未对高新技术企业的研发投入产生显著影响。

叶红雨、陈恬[30]对沪深两市124家民营企业进行研究发现,高管团队特征在高新技术企业与非高新技术企业中会对企业研发投入产生不同的影响。高管股权激励在高新技术企业中的正向调节作用明显高于其在非高新技术企业中的调节作用,薪酬激励对研发投入的影响虽然不明显,但是对高新技术企业研发投入的影响也略高于对非高新技术企业中研发投入的影响。

罗宏清、邓玲婉、李国凤[31]选取了2007—2011年沪深A股上市公司为研究样本,通过构建回归模型实证检验了会计稳健性对研发投入的影响及高新技术企业对二者关系的调节作用。实证结果表明,会计稳健性与企业的研发投入呈显著负相关。与非高新技术企业相比,高新技术企业的市场及经营过程中充满着更多的风险与不确定性,因而高新技术企业中会计稳健性对研发投入的抑制作用更为明显。

同时也有学者发现,企业债务融资对高新技术企业和非高新技术企业的创新活动的影响具有异质性。C. Chiao[32]对负债与研发投入之间的关系进行研究发现,在高新技术企业中负债会对研发投入产生消极影响,而在非高新技术企业中,负债则会对研发投入产生积极影响。曾富全、朱丽俊[33]则通过对我国上市

A 股进行实证分析发现，在高新技术企业中，企业的研发投入强度与资本结构存在显著的 U 形关系，即当资产负债率较低时，研发投入随负债率的增加而减少，当资产负债率超过某一特定值时，研发投入随其增加而增加；然而在非高新技术企业中，研发投入与资产结构之间未发现显著的相关关系。

3.5 文献评述

从现有研究成果来看，大量学者通过理论分析和实证研究发现，企业的融资活动会对企业创新产生影响。其中，关于内部融资对企业创新影响的研究已较为完备，对股权融资的研究结果也较为统一，然而关于债务融资对于企业创新影响的研究始终存在较大的争议，没有得到一致的结论。究其原因可能是已有研究忽视了债务异质性和企业性质异质性对自主创新的影响。首先，已有研究证明，企业的经营负债和金融负债由于具有不同的目的和性质，会形成不同的财务杠杆效应，对企业的各类经营活动产生不同的影响。然而，现有的对财务杠杆与自主创新关系的研究中，鲜有学者将债务进行分类。其次，部分学者通过研究发现，在高新技术企业与非高新技术企业中，同一因素会对创新产生不同的影响，但鲜有学者考虑高新技术企业资质对财务杠杆与自主创新之间关系的调节作用。

因此，本篇在研究财务杠杆对自主创新影响的基础上，将进一步把负债划分为经营负债与金融负债，并选取高新技术企业与非高新技术企业样本分别进行研究，以便更具体地分析不同类型的负债产生的财务杠杆如何影响高新技术企业与非高新技术企业的自主创新，从而丰富有关财务杠杆对企业自主创新影响的研究。

第 4 章　理论分析与研究假设

4.1　财务杠杆与自主创新

财务杠杆源于企业的负债融资，与自主创新的关系十分密切。这样的关系主要体现在正、反两个方面。一方面，财务杠杆会促进企业的自主创新。首先，负债为企业的自主创新活动提供了资金支持，同时由于负债的利息可以从公司的应纳税所得额中扣除，因而财务杠杆可以减少公司的税收压力，增加其现金流以用于创新投资；其次，根据委托代理理论及自由现金流量假说[34]，企业的财务杠杆会减少经理人自主权下的自由现金流从而约束管理者的无效投资行为，减少代理成本，使经理和股东的利益保持一致。另一方面，财务杠杆又会对自主创新产生抑制作用。首先，高杠杆会导致较高的财务风险；其次，有较高财务杠杆的公司也会面临较低的财务灵活性，从而导致企业错失一些较好的创新投资项目；最后，定期支付利息的压力会使得经理人变得目光短浅，即只追求会给现在带来高现金流的投资而放弃企业的自主创新活动。综上，我们提出假设，财务杠杆会对企业的自主创新产生影响。

高新技术企业与非高新技术企业具有不同的特质，而这种差异可能会使二者在财务杠杆与自主创新方面均呈现出正、反两方面不同的关系。首先，二者进行研发的积极性不同。高新技术企业享受的税收优惠政策会对企业的自主创新活动起到补偿作用，并且高新技术企业需要不断进行自主创新以维持企业的核心技术及产品差异化优势，因此，相比非高新技术企业，高新技术企业具有更强的创新动机。其次，二者进行研发的能力不同。根据高新技术企业的审核标准，获得高新技术企业资格证的企业研发投入较多，研发能力也较强，因此当投入相同的创新资金时，高新技术企业的创新产出效率可能会高于非高新技术企业。同时，由于高新技术企业比非高新技术企业拥有更强的创新能力及更多的创新资源，根据资源基础理论[35]，这些资源还会为高新技术企业带来更多、更优质的创新投资机会，促进其自主创新发展。现有研究中，已有学者证明高管任期、薪酬激励等因素与创新间的关系会受到高新技术企业资质的调节[29-31]，因此我们提出假设，高新技术企业资质也会对财务杠杆与自主创新间的关系产生调节作用。

假设 H1：财务杠杆会对自主创新产生影响，且该影响受到高新技术企业资质的调节。

在高新技术企业中，产品及技术更新换代快、技术升级要求高，企业需要持续不断地进行自主创新来研发新产品及新技术以保持自己的竞争地位。同时，由于高新技术企业能够享受国家的税收优惠政策，为了继续获得高新技术企业资格、享受优惠政策，企业也会更加重视自身的自主创新发展。因此，高新技术企业具有较强的研发动机。此外，高新技术企业是通过高新技术资格审核的企业，研发投入较多，且拥有较强的研发能力。根据资源基础理论，较强的研发能力及较多的研发资源会为高新技术企业带来更多的创新投资机会[36]。有更多的自主创新需求及创新机会，也就需要更多的资金支持。根据融资优序理论，企业会优先选择内部融资来支持自主创新活动，然而大量研究表明，我国高新技术企业普遍存在融资约束问题[37]，单靠内部融资无法维持自主创新活动的正常进行。企业所面临的融资约束会对企业的自主创新产生抑制作用[38]，而外部融资对于缓解融资约束及促进研发活动都有着重要的影响[20]。在我国，由于融资以信贷为主①，负债是企业资金的主要来源，因此债务融资可以在很大程度上缓解企业的融资约束，使企业有足够的资金从事自主创新活动，从而促进自主创新活动的开展、提高自主创新的能力。

而在非高新技术企业中，一方面企业不享受国家的税收优惠政策，创新也不是其核心竞争力，因而研发动机较弱；另一方面，企业研发活动较少且研发活动的技术含量较低，因此面临的融资约束也较低。企业的自主创新活动不需要过多的资金支持，所以当企业的财务杠杆较高时，债务加大了企业的压力与风险。另外，由于非高新技术企业不靠创新盈利，所以当经理人面临较高的还本付息压力时，非高新技术企业的经理人会倾向于减少创新这一类长期的投资项目，而增加短期能获得收益的项目以增加企业的现金流。因此，在非高新技术企业中，财务杠杆可能会对自主创新产生负向影响。

基于上述分析，我们提出如下假设。

---

① 摘自“2017 年政府工作报告”。

假设 H1:财务杠杆对企业自主创新活动的影响受到高新技术企业资质的调节。

假设 H1-a:高新技术企业中,财务杠杆会对企业自主创新活动产生正向影响。

假设 H1-b:非高新技术企业中,财务杠杆会对企业自主创新活动产生负向影响。

4.2 经营负债、金融负债形成的财务杠杆与自主创新

经营负债产生于经营过程中,是企业在与供应商、经销商等的交易往来中产生的负债,而金融负债产生于金融活动,是企业为了保证生产经营及扩张再生产活动的正常进行而承担的债务。二者拥有不同的性质及目的,因此二者形成的杠杆效应对自主创新所产生的影响也会有所不同。从两种负债的性质上来说,经营负债一般期限较短,持续性较低,而金融负债一般金额大、期限长,但需要支付利息。自主创新是一项长期性的投资活动,它要求持续性的资金投入,经营负债由于期限较短,且金额较小,往往无法为自主创新活动提供长期的资金支持,而金融负债则能较为有效地缓解企业的融资约束,同时较长期地为自主创新活动提供资金支持。从债权人提供负债的目的来说,企业金融负债的债权人一般是银行及债券持有人等,他们提供债务资本的主要目的是获得投资收益,而经营负债的债权人一般为与经营相关的供应商、顾客、雇员等,他们的目的更多的是为了获得价格优惠、降低交易成本或形成长期战略合作伙伴关系等,他们更关注企业的经营活动而非投资活动。经营负债对经理人的约束较弱,金融负债则能较强地约束经理人进行无效投资[39],促使经理人将所获得的资金更有效地投向于能为企业带来较大提升的项目上。综上分析,经营负债所形成的财务杠杆无法显著地影响企业自主创新活动,而金融负债所形成的财务杠杆会影响企业的自主创新。

由此,我们提出如下假设。

假设 H2:企业的经营负债与金融负债形成的财务杠杆会对企业的自主创新活动产生不同的影响。

假设 H2-a:企业经营负债形成的财务杠杆不会对企业的自主创新活动产生影响。

假设 H2-b:企业金融负债形成的财务杠杆会对企业的自主创新活动产生

影响。

在高新技术企业与非高新技术企业中,金融负债形成的财务杠杆对自主创新的影响也会存在差异。在高新技术企业中,由于企业的创新动机及创新能力更强,同时创新的产出也能为其带来更大的收益,因此金融负债一方面缓解了高新技术企业资金不足的困境,另一方面约束了经理人的无效投资行为,促进了企业自主创新发展。而在非高新技术企业中,由于企业的研发动机较弱,同时自主创新所带来的融资约束不大,因而金融负债相比提供资金支持,更多地是为企业带来了还款付息压力与违约及破产风险,抑制了企业对高风险及长期项目投资的动力。因此,在非高新技术企业中,企业金融负债越多,其研发的动机和强度反而会越低。

基于以上的分析,我们提出如下假设。

假设 H3:金融负债形成的财务杠杆对自主创新的影响会受高新技术企业资质的调节。

假设 H3-a:高新技术企业中,企业金融负债形成的财务杠杆会对企业自主创新活动产生正向影响。

假设 H3-b:非高新技术企业中,企业金融负债形成的财务杠杆会对企业自主创新活动产生负向影响。

第5章　实证研究

5.1　数据来源

本章研究所使用的有关自主创新的数据中，上市公司的专利授权数据、发明专利数据、实用新型专利数据及外观设计专利数据均来自国泰安 CSMAR 数据库的公司专利与研发创新库。与公司财务杠杆相关的资产负债率的数据来自国泰安 CSMAR 数据库的财务指标分析库，经营负债及金融负债的数据来自财务报表数据库并通过计算得出。与公司融资相关的内部财务融资和外部股权融资数据来自国泰安 CSMAR 数据库的中国上市公司财务报表数据库并通过计算得到。与企业财务特征相关的盈利能力及与公司治理相关的企业规模、董事会规模、高管薪酬及股权集中度的数据来自国泰安 CSMAR 数据库的中国上市公司财务报表数据库及治理结构数据库。上市公司的行业信息来自国泰安 CSMAR 数据库的基本数据库。上市公司的高新技术企业信息来自上市公司年报，为手工收集数据。

5.2　样本选择

本章研究选取了中国 A 股上市制造业企业 2010—2014 年这五年的财务数据作为初始样本，并按如下原则筛选及选择样本：①剔除 ST，* ST 及 SST 类公司，因为这类公司的财务状况异常，若加入样本中可能会影响研究结论的可靠性和一致性；②剔除数据缺失的公司。筛选后最终得到 7 305 个样本。

5.3　变量定义

5.3.1　被解释变量

自 20 世纪 70 年代以来，用专利数据作为衡量自主创新指标的方法得到了广泛运用[40, 41]。专利数据是自主创新活动最直接的成果之一，在衡量自主创新时更具有含金量，并且专利数据较易取得，专利标准多年来变化较小，这使得专利成为衡量自主创新的一个可靠标准。同时，由于研究人员能够获得专利的具体分类数据，使用专利数据作为衡量自主创新的标准对进一步的研究更有裨益。因此，本章将选取专利数据作为度量企业自主创新的指标。

《中华人民共和国专利法》将专利分为发明专利、实用新型专利及外观设计专利三种。一般来说发明专利科技含量最高，审核也最严，而外观设计专利的科技含量及审核的严格程度最低。三种专利代表着不同的创新质量[9]，发明专利中的创新成分最多，代表着企业高质量的创新活动，而实用新型专利和外观设计专利的创新程度及创新质量则依次减弱。不同质量的专利对企业的贡献也有所不同，创新程度高的专利能为企业创造更多的价值，而质量低的创新却不能为企业带来显著的增值。由于高质量专利所需投入的资金及精力较多，通过审核的时间较长、难度较高，因此近年来我国的专利总数虽然在快速上升，但高质量与低质量专利的数量差距却在不断加大，出现了创新数量多但质量低的问题[8]。企业的自主创新质量不仅关系到创新建设的成败，对国家核心竞争力也会产生一定的影响。因此，我们不仅要鼓励企业进行创新活动，更要鼓励企业进行高质量的创新，以提升企业及国家的整体创新质量，增强竞争力。创新的质量在创新推动经济发展战略中起着重要的作用，因此，为了探究财务杠杆与不同类型的专利产出之间的关系，本章将对专利进行分类，进一步对财务杠杆与发明专利、外观设计专利及实用新型专利进行回归。

在后面的分析中，我们主要选用专利授权数进行讨论，这是因为比起申请专利数，授权专利一方面得到了相关部门的认证，另一方面受到了法律的保护，能更可靠地反映企业的自主创新能力[42]。同时，考虑到从研发决策到获得创新产出、形成专利需要一定的时间，因此，本章在所研究的样本区间的基础上，对专利总数、发明专利数、外观设计专利数及实用新型专利数均滞后一年。

5.3.2 解释变量

在对财务杠杆进行研究时，学者们一般采用企业负债资本(B)与资本总额($B+E$)之比作为衡量指标。根据 S. Rossi[43]的方法，杠杆率分为账面杠杆率与市场杠杆率两种。账面杠杆率等于第 t 年负债与第 t 年总资产之比，而市场杠杆率等于第 t 年负债与第 t 年负债与权益市值的和之比。考虑到目前中国的股票市场弱式有效[44]，因而本章将选取账面杠杆率作为度量财务杠杆的指标。

借鉴D. Nissim，S. H. Penman[45, 46]的研究，同时考虑我国会计政策的具体情况，本章将公司的经营负债及金融负债分别表示为式(5-1)和式(5-2)：

$$经营负债=流动负债-短期借款-交易性金融负债-衍生金融负债-一年内到期的非流动负债 \tag{5-1}$$

$$金融负债=非流动负债+短期借款+交易性金融负债+衍生金融负债+一年内到期的非流动负债 \tag{5-2}$$

据此，相应产生了衡量经营负债及金融负债所产生的财务杠杆效应的指标：经营负债形成的财务杠杆(FL By Operating Debt)及金融负债形成的财务杠杆(FL By Financial Debt)，如式(5-3)和式(5-4)所示。

$$经营负债形成的财务杠杆=经营负债\div 总资产 \tag{5-3}$$

$$金融负债形成的财务杠杆=金融负债\div 总资产 \tag{5-4}$$

5.3.3 调节变量

高新技术企业(High-tech)，若企业当年为拥有高新技术证的高新技术企业则High-tech=1，否则High-tech=0。

5.3.4 控制变量

为了剔除其他因素对被解释变量的影响，并加强模型的整体解释能力，本章在前人研究的基础上选取了内部融资、外部股权融资、董事会规模、高管薪酬、企业规模、股权集中度及企业盈利能力作为控制变量。其中，我们对内部融资及外部股权融资的数据在回归时进行了中心化处理。

变量的具体计算及赋值情况参见表5-1。

表5-1 变量说明

变量	变量符号	变量解释	参考文献
被解释变量：自主创新(Independent Innovation)			
专利授权数	Patent	企业专利授权总量	
发明专利数	Invention	企业得到授权的发明专利数	SHAI BERNSTEIN[15]
外观设计专利数	Appearance Design	企业得到授权的外观设计专利数	陈昆玉[42]

（续表）

变量	变量符号	变量解释	参考文献
实用新型专利数	Utility Model	企业得到授权的实用新型专利数	刘督[9]
解释变量：财务杠杆（Financial Leverage）			
财务杠杆	Financial Leverage	财务杠杆率＝总负债/总资产	Rossi[43]
经营负债形成的财务杠杆	FL By Operating Debt	经营负债形成的财务杠杆＝经营负债/总资产	Nissim，Penman[45]
金融负债形成的财务杠杆	FL By Financial Debt	金融负债形成的财务杠杆＝金融负债/总资产	Nissim，Penman[46]
控制变量			
内部融资	Internal Financing	内部融资＝盈余公积＋未分配利润＋折旧费	孙早，肖利平[14]
外部股权融资	Equity Financing	外部股权融资＝股本＋资本公积	孙早，肖利平[14]
企业规模	Size	企业总资产的对数	聂辉华等[47]
董事会规模	Board	董事会总人数	郭桂霞，巫和懋[48]
高管薪酬	Salary	高管前三名薪酬总额取对数	陈修德等[49]
股权集中度	Concentration	前 5 大股东持股比例平方和	孙早，肖利平[14]
盈利能力	ROA	$(t-1)$期的盈利能力	Florida R.[50]
调节变量			
高新技术企业	High-tech	虚拟变量，企业是高新技术企业为 1，不是为 0	Chiao[32] 刘运国，刘雯[29]

5.4 模型设置

为了验证本书第 4 章中提出的假设，我们借鉴 A. Malshe，M. K. Agarwal[21] 对公司研发的实证研究结论，对企业财务杠杆与企业自主创新之间的相关性进行实证检验，设计以下模型，见式(5-5)和式(5-6)。由于公司个体间本就存在异质性，同时不同年份由于具有不同的宏观经济背景及政策背景，这也会使自主创新存在一定差异，因此为了解决由潜在的省略变量等造成的内生性问题，我们在模型中引入了年度层面及公司层面的固定效应以控制不可观测的时间及企业因素带来的影响。

模型一：财务杠杆与自主创新模型

$$\begin{aligned}\text{Independent Innovation}_{i,\,t+1} = {} & \alpha_0 + \alpha_1 \times \text{Financial Leverage}_{i,\,t} + \\ & \alpha_2 \times \text{Internal Financing}_{i,\,t} + \alpha_3 \times \text{Equity Financing}_{i,\,t} + \\ & \alpha_4 \times \text{Size}_{i,\,t} + \alpha_5 \times \text{Board}_{i,\,t} + \alpha_6 \times \text{Salary}_{i,\,t} + \alpha_7 \times \\ & \text{Concentration}_{i,\,t} + \alpha_8 \times \text{ROA}_{i,\,t-1} + F_{\text{Year}} + F_{\text{Firm}} + \varepsilon \end{aligned} \tag{5-5}$$

式中，i 和 t 分别代表上市公司的序号和年份；ε 为误差项；F_{Year} 与 F_{Firm} 分别代表时间层面及公司层面的固定效应。

模型一被用来检验财务杠杆与自主创新之间的关系及高新技术企业在其中的调节作用，因此在研究中，我们将企业分为高新技术企业与非高新技术企业两组分别进行回归分析。在模型一中，我们主要关注 α_1 项。α_1 衡量了企业财务杠杆升高时自主创新专利产出的敏感程度，若 α_1 为正且显著，则说明企业财务杠杆会对企业的自主创新活动产生正向影响；若 α_1 为负且显著，则说明企业财务杠杆会对企业的自主创新活动产生负向影响；若 α_1 不显著则说明企业财务杠杆对自主创新活动无显著影响。由于高新技术企业与非高新技术企业有着不同的特性，因此我们预测，在高新技术企业中 α_1 显著为正，而在非高新技术企业中 α_1 显著为负。

模型二：经营负债、金融负债形成的财务杠杆与自主创新模型

$$\begin{aligned}\text{Independent Innovation}_{i,\,t+1} = {} & \beta_0 + \beta_1 \times \text{FL By Operating Debt}_{i,\,t} + \\ & \beta_2 \times \text{FL By Financial Debt}_{i,\,t} + \beta_3 \times \text{Internal Financing}_{i,\,t} + \beta_4 \times \\ & \text{Equity Financing}_{i,\,t} + \beta_5 \times \text{Size}_{i,\,t} + \beta_6 \times \text{Board}_{i,\,t} + \beta_7 \times \text{Salary}_{i,\,t} + \\ & \beta_8 \times \text{Concentration}_{i,\,t} + \beta_9 \times \text{ROA}_{i,\,t-1} + F_{\text{Year}} + F_{\text{Firm}} + \varepsilon \end{aligned} \tag{5-6}$$

式中，i 和 t 分别代表上市公司的序号和年份；ε 为误差项；F_{Year} 与 F_{Firm} 分别代表时间层面及公司层面的固定效应。

模型二被用来检验不同来源的负债所形成的财务杠杆对自主创新的影响。如前文所提到的，经营负债与金融负债形成的财务杠杆会对企业的自主创新产

生不同的影响，同时，其影响又会受到高新技术企业资质的调节。因此，在模型二中，我们也将企业分为高新技术企业与非高新技术企业，对这两组分别进行回归。在模型二中，我们要关注的是 β_1 及 β_2，二者分别代表了经营负债与金融负债形成的财务杠杆对自主创新产出的影响。若 β_1，β_2 的符号及显著性不相同，则说明经营负债与金融负债形成的财务杠杆对自主创新的影响不同。显著为正说明经营负债或金融负债形成的财务杠杆会促进自主创新；显著为负说明经营负债或金融负债形成的财务杠杆会对自主创新产生抑制作用；而系数不显著则说明经营负债或金融负债形成的财务杠杆对企业的自主创新活动无显著影响。按之前的理论分析，我们预测 β_1 与 β_2 会表现出不同的正负性及显著性。在高新技术企业中，β_1 显著小于 0，β_2 显著大于 0；在非高新技术企业中，β_1 与 β_2 均不显著。

5.5 实证分析

5.5.1 描述性统计及相关性分析

表 5-2 汇总了本章研究中所有变量的描述性统计结果及 Pearson 相关系数。从全样本来看，上市制造业企业的平均授权专利数约为 111，表明样本公司在自主创新活动方面表现较为活跃。将专利授权数进一步分类后可以看到，在三类专利中，实用新型专利的数量最多，平均为 60.67 件，发明专利其次，平均为 28.22 件，而外观设计专利的数量最少，平均为 22.18 件，这是因为实用新型专利相对外观设计专利而言有一定技术含量及含金量，但相对发明专利又不用进行实质性检验，较易通过审核，所以颇受经营者的青睐。财务杠杆方面，总体的平均杠杆率为 0.42，标准差为 0.56，说明不同企业之间的差异较大。对负债按来源进行分类后可以发现，样本企业的经营负债高于金融负债，但金融负债水平更为集中。

从表 5-2 的相关性分析初步来看，企业财务杠杆与专利产出在 1%的水平上显著正相关；企业是否为高新技术企业会对专利产出有显著的正向影响（$r = 0.04$，$p \leqslant 0.01$）；经营负债与金融负债形成的财务杠杆对自主创新的影响不同。这些结果与前文所提出的假设 H1 和假设 H2 初步相符，因此我们接下来将进一步采用多元回归分析来更准确地检验它们之间的相关关系。此外，企业的自主创新活动会受到企业融资情况、治理结构及财务特征因素的影响。企业的

表 5-2　描述性统计及相关性分析

样本量:7 305	平均值(标准差)	Patent	Invention	Appearance Design	Utility Model	Financial Leverage	FL By Operating Debt	FL By Financial Debt	Internal Financing	Equity Financing	Size	Board	Salary	Concentration	ROA	High-tech
Patent	111.08(566.42)	1.00														
Invention	28.22(357.45)	0.83***	1.00													
Appearance Design	22.18(107.50)	0.64***	0.25***	1.00												
Utility Model	60.67(257.38)	0.78***	0.33***	0.65***	1.00											
Financial Leverage	0.42(0.56)	0.03***	0.02	0.02*	0.03***	1.00										
FL By Operating Debt	0.23(0.46)	0.04***	0.02	0.05***	0.04***	0.91***	1.00									
FL By Financial Debt	0.19(0.24)	0.00	0.02	−0.04***	0.00	0.59***	0.20***	1.00								
Internal Financing	1.1E+09(3.9E+09)	0.38***	0.17***	0.27***	0.48***	0.01	0.00	0.01	1.00							
Equity Financing	1.6E+09(3.3E+09)	0.36***	0.19***	0.16***	0.46***	0.05***	0.02	0.08***	0.73***	1.00						
Size	21.62(1.18)	0.28***	0.14***	0.22***	0.32***	0.04***	−0.06***	0.20***	0.54***	0.59***	1.00					
Board	8.74(1.64)	0.11***	0.09***	0.08***	0.08***	0.07***	0.03**	0.12***	0.16***	0.17***	0.30***	1.00				
Salary	13.96(0.91)	0.17***	0.09***	0.15***	0.19***	−0.05***	−0.04***	−0.05***	0.24***	0.18***	0.33***	0.11***	1.00			
Concentration	0.17(0.12)	0.03**	0.01	0.01	0.04***	−0.04***	−0.02*	−0.06***	0.19***	0.19***	0.21***	−0.01	0.02*	1.00		
ROA	0.05(0.30)	0.00	0.00	0.01	0.00	−0.03**	0.00	−0.07***	0.03**	0.00	−0.02	0.00	0.05***	0.01	1.00	
High-tech	0.64(0.48)	0.04***	0.03**	0.03***	0.05***	−0.17***	−0.11***	−0.19***	−0.08***	−0.11***	−0.14***	−0.08***	0.06***	−0.01	0.03**	1.00

注：***，**，*分别表示在1%，5%及10%的水平上显著相关。

内部融资与自主创新活动显著正相关($r=0.38$，$p\leqslant 0.01$)，企业的外部股权融资也会显著促进企业自主创新活动的进行($r=0.36$，$p\leqslant 0.01$)。同时，企业的自主创新活动还与企业规模($r=0.28$，$p\leqslant 0.01$)、董事会规模($r=0.11$，$p\leqslant 0.01$)、高管薪酬($r=0.17$，$p\leqslant 0.01$)及股权集中度($r=0.03$，$p\leqslant 0.05$)显著正相关。同时表5-2中各控制变量之间的相关系数均较小，表明变量之间的相关性较小，不存在严重的多重共线性的问题。

5.5.2 OLS回归结果分析

1. 财务杠杆对企业自主创新的影响

财务杠杆对企业自主创新的影响的检验结果如表5-3所列。

对于高新技术企业与非高新技术企业中财务杠杆与专利授权数之间的回归结果，从表5-3中可以看出，两个回归的R^2分别为93.85%与95.62%，拟合程度都较高，同时F值也都在1%的水平上显著。另外，从回归结果可以看出，两组回归的Financial Leverage的估计系数一个显著为正($b=118.479$，$p\leqslant 0.01$)，一个未发现显著的相关关系($b=4.651$，$p\geqslant 0.1$)，说明在高新技术企业与非高新技术企业中，财务杠杆对自主创新的影响作用是不同的，这与我们之前的预期一致，证明了假设H1。在高新技术企业组中，企业财务杠杆在1%的水平上显著，说明在高新技术企业中，企业的财务杠杆会显著地促进企业自主创新活动的进行，企业的财务杠杆越高，专利产出也越多，结果与假设H1-a一致。

然而，在非高新技术企业中，财务杠杆的系数为正，且并不显著($b=4.651$，$p\geqslant 0.1$)。这一结果与之前的预期不同，说明财务杠杆对非高新技术企业的自主创新活动并没有显著影响，拒绝假设H1-b。出现这一结果的原因可能是，非高新技术企业的研发动力不足，弱化了财务杠杆对自主创新的影响。在非高新技术企业中，企业无法享受国家的优惠政策、创新需求较小，这使得企业研发的动力较弱，同时，企业自主创新活动技术含量较低，研发所需的资金投入及所面临的融资约束均较小。企业的自主创新活动既不需要财务杠杆帮助其缓解融资约束，又因投资较少而不会受债务所带来的较大压力，因此财务杠杆与自主创新之间无显著的相关关系。

表 5-3 财务杠杆与企业自主创新回归结果

模型一	专利授权数(Patent)		发明专利(Invention)		外观设计专利(Appearance Design)		实用新型专利(Utility Model)	
变量	高新技术企业	非高新技术企业	高新技术企业	非高新技术企业	高新技术企业	非高新技术企业	高新技术企业	非高新技术企业
解释变量								
Financial Leverage	118.479*** [3.12]	4.651 [0.95]	40.505* [1.69]	1.105 [0.92]	12.469* [1.9]	0.565 [0.39]	65.505*** [2.98]	2.981 [0.75]
控制变量								
Internal Financing	211.829*** [19.31]	17.220*** [2.72]	28.851*** [4.18]	8.315*** [5.39]	33.732*** [17.8]	0.684 [0.37]	149.246*** [23.53]	8.221 [1.61]
Equity Financing	179.014*** [13.28]	5.272 [0.6]	76.273*** [8.99]	−2.734 [−1.27]	4.319* [1.85]	−3.388 [−1.3]	98.422*** [12.62]	11.394 [1.6]
Size	−64.841*** [−4.49]	−0.659 [−0.11]	−34.593*** [−3.8]	−0.997 [−0.66]	−4.116* [−1.65]	1.348 [0.74]	−26.132*** [−3.13]	−1.01 [−0.2]
Board	12.933*** [2.86]	−1.349 [−0.43]	2.021 [0.71]	0.202 [0.26]	1.861** [2.38]	−0.346 [−0.38]	9.051*** [3.46]	−1.204 [−0.48]
Salary	9.073 [1.24]	−2.811 [−0.79]	7.29 [1.59]	−0.964 [−1.11]	1.431 [1.14]	0.502 [0.48]	0.352 [0.08]	−2.349 [−0.82]
Concentration	108.892 [0.94]	−12.45 [−0.2]	51.849 [0.71]	4.509 [0.3]	24.615 [1.23]	−6.251 [−0.35]	32.428 [0.48]	−10.708 [−0.22]

（续表）

模型一	专利授权数 (Patent)		发明专利 (Invention)		外观设计专利 (Appearance Design)		实用新型专利 (Utility Model)	
ROA	−5.463 [−0.61]	1.02 [0.11]	−3.797 [−0.67]	−0.403 [−0.18]	−0.155 [−0.1]	0.395 [0.15]	−1.511 [−0.29]	1.027 [0.14]
Constant	1054.713*** [3.41]	114.628 [0.85]	579.915*** [2.97]	39.847 [1.21]	53.541 [1]	−15 [−0.38]	421.257** [2.35]	89.78 [0.82]
Observation	4 640	2 665	4 640	2 665	4 640	2 665	4 640	2 665
R^2	93.85%	95.62%	94.81%	95.67%	94.21%	93.32%	86.92%	93.56%
F	75.83***	5.63***	14.10***	10.55***	37.43***	1.11	93.33***	3.08***
F(Year)	13.91***	8.90***	5.42***	16.56***	4.96***	1.97*	10.79***	4.26***
F(Firm)	38.04***	38.86***	52.42***	36.06***	39.46***	36.41***	14.44***	24.29***

注：***，**，*分别表示在1%，5%及10%的水平上显著相关，[ ]内表示 T 统计量。

为了进一步探究财务杠杆对不同类型的专利产生的影响，本章对专利细分后分别进行了回归，回归结果如表5-3所列。从回归结果中我们可以看出，在高新技术企业中，财务杠杆在10%的水平上对发明专利及外观设计专利有正向影响，在1%的水平上对实用新型专利有显著的促进作用。在10%的显著水平上来看，财务杠杆对发明专利的影响系数为40.51，说明财务杠杆每提升0.1，发明专利数大约就会增加4件；财务杠杆对外观设计专利的影响系数为12.47，说明财务杠杆每增加0.1，企业的外观设计专利数大约就会增加1.2件；财务杠杆对实用新型专利的影响系数为65.51，说明杠杆每升高0.1，企业的实用新型专利数大约就会增加6.5件。而在非高新技术企业中，财务杠杆与三种专利的回归系数均不显著。这一结果表明，财务杠杆对三种专利都会产生影响，且该影响均受到高新技术企业资质的调节。在高新技术企业中，财务杠杆对不同类型的自主创新均有显著的促进作用，而在非高新技术企业中，财务杠杆不影响任何类型的自主创新。

2. 经营负债、金融负债形成的财务杠杆对企业自主创新的影响

经营负债、金融负债形成的财务杠杆对企业自主创新的影响的检验结果如表5-4所列。

表5-4 经营负债、金融负债形成的财务杠杆与企业自主创新回归结果

模型二	专利授权数(Patent)	
变量	高新技术企业	非高新技术企业
解释变量		
FL By Operating Debt	39.899 [0.66]	2.896 [0.4]
FL By Financial Debt	171.483*** [3.46]	7.838 [0.72]
控制变量		
Internal Financing	210.839*** [19.2]	17.292*** [2.73]
Equity Financing	179.762*** [13.33]	5.451 [0.62]
Size	−68.606*** [−4.69]	−1.059 [−0.17]

（续表）

模型二	专利授权数(Patent)	
Board	12.936***	−1.34
	[2.86]	[−0.43]
Salary	9.224	−2.776
	[1.26]	[−0.78]
Concentration	109.195	−12.195
	[0.94]	[−0.2]
ROA	−4.505	1.867
	[−0.5]	[0.19]
Constant	1139.96***	122.222
	[3.63]	[0.89]
Observation	4 640	2 665
R^2	93.86%	95.62%
F	70.25***	5.21***
F_{Year}	14.29***	8.92***
F_{Firm}	37.61***	38.83***

注：***，**，*分别表示在1%，5%及10%的水平上显著相关，[ ]内表示 T 统计量。

表5-4为对模型二进行分组回归后的结果。回归结果显示，模型二的拟合度较好，两组的 R^2 分别为93.86%与95.62%，并且 F 值都在1%的水平上显著，说明该模型具有一定的意义。

从回归结果可以看到，经营负债与金融负债所形成的财务杠杆对企业的自主创新活动有着不同的影响，同时高新技术企业资质也会对金融负债形成的财务杠杆对自主创新的影响起到调节作用。在高新技术企业中，经营负债率的回归系数为正，但并未通过显著性检验（$b=39.899$，$p\geqslant 0.1$），而金融负债率在1%的水平下显著（$b=171.483$，$p\leqslant 0.01$），说明金融负债形成的财务杠杆对高新技术企业的自主创新活动有显著的促进作用，而经营负债形成的财务杠杆对其自主创新无显著影响，与预期结果一致。在非高新技术企业组的回归中可以看到，如假想的一样，经营负债率的估计系数不显著（$b=2.896$，$p\geqslant 0.1$），说明经营负债形成的财务杠杆对非高新技术企业的自主创新活动无显著影响，然而，金融负债率的系数并未如预期一样显著为负，而是正向不显著($b=7.838$, $p\geqslant 0.1$)，说明在非高新技术企业中，金融负债所形成的财务杠杆也不会对自主创新活动产生影响。这一结果的产生可能是因为，一方面，非高新技术企业不够重视自主创新的发展，因此，即使金融负债为企业提供了长期的资金支持，非高新技术企业的经理人也倾向于将获得的资金投向更容易获得更大收益、风险更小的项目上，因此金融负债所形成的财务杠杆对自主创新未起到显著的促进作用；而另一方面，由于非高新技术企业进行的创新活动技术含量不高，所投入的资金也不多，对企业造成的负担不大，因此即使金融负债为企业带来了一定的还款压力，企业也不会大幅减少自主创新活动。研发强度较低弱化了金融负债形成的财务杠杆与自主创新间的关系，因此在非高新技术企业中，金融负债形成的财务杠杆对自主创新没有显著的影响作用。综上，回归结果接受假设 H2、假设 H2-a、假设 H2-b、假设 H3 和假设 H3-a，拒绝假设 H3-b。

5.5.3 稳健性检验

为了提高本章研究的可靠性，还将从更换模型及异方差检验两方面入手，考察当参数设定改变时，实证结果是否会发生变化。

1. 更换模型

为了检验模型一及模型二结果的稳健性，我们在此引入了高新技术企业分别与财务杠杆、经营负债率及金融负债率的交互变量，并在模型一及模型二的基础上构建了两个新的模型(模型三、模型四)对总样本进行回归，目的是检验更换模型后是否仍能证明高新技术企业资质的调节作用。

模型三是在模型一的基础上引入 High-tech×Financial Leverage 后对总样本进行回归，见式(5-7)。

$$\begin{aligned}&\text{Independent Innovation}_{i,t+1}=\alpha_0+\alpha_1\times\text{Financial Leverage}_{i,t}+\\&\alpha_2\times\text{High-tech}_{i,t}\times\text{Financial Leverage}_{i,t}+\alpha_3\times\text{High-tech}_{i,t}+\\&\alpha_4\times\text{Internal Financing}_{i,t}+\alpha_5\times\text{Equity Financing}_{i,t}+\alpha_6\times\text{Size}_{i,t}+\\&\alpha_7\times\text{Board}_{i,t}+\alpha_8\times\text{Salary}_{i,t}+\alpha_9\times\text{Concentration}_{i,t}+\\&\alpha_{10}\times\text{ROA}_{i,t-1}+F_{\text{Year}}+F_{\text{Firm}}+\varepsilon\end{aligned}\tag{5-7}$$

模型四是在模型二的基础上引入 High-tech×FL By Operating Debt 及 High-tech×FL By Financial Debt 后对总样本进行回归，见式(5-8)。

$$\text{Independent Innovation}_{i,t+1} = \beta_0 + \beta_1 \times \text{FL By Operating Debt}_{i,t} + \beta_2 \times \text{FL By Financial Debt}_{i,t} + \beta_3 \times \text{High-tech}_{i,t} \times \text{FL By Operating Debt}_{i,t} + \beta_4 \times \text{High-tech}_{i,t} \times \text{FL By Financial Debt}_{i,t} + \beta_5 \times \text{High-tech}_{i,t} + \beta_6 \times \text{Internal Financing}_{i,t} + \beta_7 \times \text{Equity Financing}_{i,t} + \beta_8 \times \text{Size}_{i,t} + \beta_9 \times \text{Board}_{i,t} + \beta_{10} \times \text{Salary}_{i,t} + \beta_{11} \times \text{Concentration}_{i,t} + \beta_{12} \times \text{ROA}_{i,t-1} + F_{\text{Year}} + F_{\text{Firm}} + \varepsilon \quad (5\text{-}8)$$

表 5-5 为更换模型后对总体样本进行回归的结果。据此可以看出，在模型三中，交叉项 High-tech×Financial Leverage 在 1%的水平上显著 ($b=57.266$, $p\leqslant 0.01$)，说明是否为高新技术企业会对财务杠杆、对企业自主创新的影响产生正向调节作用，即在高新技术企业中财务杠杆对自主创新活动的促进作用更大，这与模型一的 OLS 回归结果一致。

根据模型四的回归结果，经营负债形成的财务杠杆 FL By Operating Debt 对企业的自主创新活动无显著影响 ($b=-0.398$, $p\geqslant 0.1$)，而金融负债形成的财务杠杆 FL By Financial Debt 在 10%的水平上与自主创新呈显著正相关 ($b=27.342$, $p\leqslant 0.1$)，说明经营负债和金融负债所形成的财务杠杆会对企业的自主创新产生不同的影响，这与前文回归结果基本一致。此外，一方面，交叉乘项 High-tech×FL By Financial Debt 在 5%的水平上显著 ($b=95.732$, $p\leqslant 0.05$)，证明了高新技术企业资质会对金融负债形成的财务杠杆与自主创新的关系产生调节作用；另一方面，高新技术企业与经营负债率的交叉乘项并未通过显著性检验($b=-25$, $p\geqslant 0.1$)，说明高新技术企业资质未能显著影响经营负债形成的财务杠杆与创新的关系，这与模型二的 OLS 回归结果相同。

表 5-5　稳健性检验——更换模型

变量	模型三	模型四
解释变量		
Financial Leverage	4.576 [0.91]	
FL By Operating Debt		−0.398 [−0.07]
FL By Financial Debt		27.342* [1.72]
High-tech×Financial Leverage	57.266** [1.97]	

(续表)

变量	模型三	模型四
High-tech×FL By Operating Debt		−25 [−0.54]
High-tech×FL By Financial Debt		95.732** [2.4]
High-tech	−30.951* [−1.8]	−21.749 [−1.24]
控制变量		
Internal Financing	128.272*** [17.97]	127.747*** [17.89]
Equity Financing	119.712*** [13.01]	120.547*** [13.1]
Size	−38.015*** [−4.94]	−41.103*** [−5.28]
Board	7.146** [2.29]	7.074** [2.26]
Salary	1.494 [0.35]	1.662 [0.4]
Concentration	37.114 [0.53]	46.61 [0.66]
ROA	−3.271 [−0.47]	−1.147 [−0.16]
Constant	719.535*** [4.29]	779.495*** [4.61]
Observation	7 305	7 305
R^2	93.66%	93.67%
F	60.19***	53.19***
F_{Year}	19.30***	20.08***
F_{Firm}	39.80***	39.36***

注：***，**，*分别表示在1%，5%及10%的水平上显著相关，[ ]内表示稳健的T统计量。

2. *异方差检验*

异方差的出现会对OLS回归的解释产生一些不利影响，例如，异方差的存在会使最小二乘估计失去其有效性，同时异方差还会降低t检验的可靠性，从而影响回归的显著性结果。因此，本章还将对前文的模型进行Robust异方差检验，以排除异方差的影响，检验回归结果的稳健性。

表 5-6 中控制异方差的稳健性检验结果与前文得出的结论一致。在模型一的异方差检验中，从总体样本来看，High-tech×Financial Leverage 的估计系数在 5%的水平上显著为正 ($b=57.266$，$p\leqslant 0.05$)，证明了高新技术企业资质对财务杠杆与自主创新关系的调节作用，接受假设 H1。从分组样本来看，在高新技术企业中，财务杠杆对自主创新有显著的正向作用($b=118.479$，$p\leqslant 0.01$)，接受假设 H1-a；在非高新技术企业中，财务杠杆对自主创新的影响并未像预想的一样显著为负，拒绝假设 H1-b。在模型二的异方差检验结果中，总体的回归结果表明，经营负债与金融负债形成的财务杠杆对自主创新的影响作用不同，且高新技术企业资质对金融负债形成的财务杠杆与自主创新的关系有调节作用，接受假设 H2 及 H3。在高新技术企业中，金融负债形成的财务杠杆对自主创新有着显著的促进作用 ($b=171.483$，$p\leqslant 0.01$)，而在非高新技术企业中，金融负债形成的财务杠杆未像假设般对创新产生显著的抑制作用，因此接受假设H2-b 和假设 H3-a，拒绝假设 H3-b。同时，经营负债所形成的财务杠杆无论是在高新技术企业还是非高新技术企业中都未发现与自主创新显著的相关关系，接受假设 H2-a。因此本章的实证结果通过异方差检验。

综上，本章得到的结果均通过稳健性检验，具有可靠性。

表 5-6 控制异方差的稳健性检验

变量	模型一 高新技术企业	模型一 非高新技术企业	模型一 总样本	模型二 高新技术企业	模型二 非高新技术企业	模型二 总样本
解释变量						
Financial Leverage	118.479*** [2.97]	4.651*** [3.14]	4.576* [1.73]			
FL By Operating Debt				39.899 [0.67]	2.896 [1.55]	−0.398 [−0.23]
FL By Financial Debt				171.483*** [3.82]	7.838* [1.82]	27.342*** [3.21]
High-tech×Financial Leverage			57.266** [2.13]			
High-tech×FL By Operating Debt						−25 [−0.65]

（续表）

	模型一			模型二		
High-tech×FL By Financial Debt						95.732*** [2.84]
High-tech			−30.951*** [−2.83]			−21.749** [−2.05]
控制变量						
Internal Financing	211.829** [2.04]	17.220 [0.97]	128.272*** [2.86]	210.839** [2.03]	17.292 [0.97]	127.747*** [2.84]
Equity Financing	179.014*** [3.35]	5.272 [0.44]	119.712** [2.18]	179.762*** [3.37]	5.451 [0.46]	120.547** [2.2]
Size	−64.841*** [−2.62]	−0.659 [−0.21]	−38.015*** [−2.69]	−68.606*** [−2.77]	−1.059 [−0.35]	−41.103*** [−2.85]
Board	12.933*** [3.52]	−1.349 [−0.59]	7.146*** [2.84]	12.936*** [3.51]	−1.34 [−0.59]	7.074*** [2.81]
Salary	9.073 [1.29]	−2.811* [−1.76]	1.494 [0.51]	9.224 [1.3]	−2.776* [−1.73]	1.662 [0.57]
Concentration	108.892 [1.56]	−12.45 [−0.24]	37.114 [0.63]	109.195 [1.57]	−12.195 [−0.24]	46.61 [0.78]
ROA	−5.463 [−1.35]	1.02 [0.52]	−3.271 [−1.59]	−4.505 [−1.42]	1.867 [0.7]	−1.147 [−0.59]
Constant	1054.713** [2.18]	114.628* [1.8]	719.535*** [2.67]	1139.96** [2.35]	122.222** [1.96]	779.495*** [2.84]
Observation	4 640	2 665	7 305	4 640	2 665	7 305
R^2	93.85%	95.62%	93.66%	93.86%	95.62%	93.67%
F	19.52***	4.96***	17.36***	18.05***	4.58***	15.58
F_{Year}	9.39***	5.37***	14.99***	9.26***	5.40***	15.34***

注：***，**，*分别表示在1%，5%及10%的水平上显著相关，[ ]内表示稳健的 T 统计量。

5.6 实证小结

根据前面的实证结果，本章的研究结论见表5-7。

表 5-7 研究小结

假设	结论
H1:财务杠杆会对自主创新产生影响,且该影响受高新技术企业资质的调节	√
H1-a:高新技术企业中,财务杠杆会对企业自主创新活动产生正向影响	√
H1-b:非高新技术企业中,财务杠杆会对企业自主创新活动产生负向影响	×
H2:企业的经营负债与金融负债所形成的财务杠杆会对企业的自主创新活动产生不同的影响	√
H2-a:企业经营负债形成的财务杠杆不会对企业的自主创新活动产生影响	√
H2-b:企业金融负债形成的财务杠杆会对企业的自主创新活动产生影响	√
H3:金融负债形成的财务杠杆对自主创新的影响会受高新技术企业资质的调节	√
H3-a:高新技术企业中,企业金融负债形成的财务杠杆会对企业自主创新活动产生正向影响	√
H3-b:非高新技术企业中,企业金融负债形成的财务杠杆会对企业自主创新活动产生负向影响	×

第 6 章　研究结论与启示

6.1　研究结论

财务杠杆和企业自主创新一直都是理论和实践领域关注的话题，也是国内外学者研究的热点。通过本书第 4 章的理论分析及第 5 章对 2010—2014 年上市制造业企业财务杠杆与自主创新间的关系进行实证研究，得出以下结论：

（1）企业的财务杠杆会对自主创新产生影响，且该影响会受到高新技术企业资质的调节。在高新技术企业中，财务杠杆会对企业的自主创新产生显著的正向影响，而在非高新技术企业中，财务杠杆对自主创新的影响不显著。

（2）对负债按来源进行细分后发现，经营负债及金融负债所形成的财务杠杆会对企业的自主创新产生不同的影响。无论是在高新技术企业还是非高新技术企业中，都未发现经营负债形成的财务杠杆对企业的自主创新有显著影响。而金融负债所形成的财务杠杆会显著促进高新技术企业的自主创新活动，对非高新技术企业的自主创新影响则不显著。

（3）对专利进行细分后可以看到财务杠杆对不同类型的专利都会产生影响，且该影响均会受到高新技术企业资质的调节。在高新技术企业中，财务杠杆对三种类型专利均存在显著的正向影响作用；在非高新技术企业中，财务杠杆与三种类型专利之间均未发现显著的相关关系。

6.2　研究启示

本篇的研究结论对需要自主创新的企业如何调整其财务杠杆及政府如何精准去杠杆具有一定的启示意义。

首先，企业可根据自身的自主创新发展来调整财务杠杆使之与自主创新相匹配。对于自主创新程度较高的高新技术企业而言，可适当调高其财务杠杆。

现阶段，我国高新技术企业大多面临着较大的融资约束，适当地运用财务杠杆可以为企业解决资金难题，促进其自主创新活动的开展，提升其自主创新能力。同时，企业还可以适当地调高金融负债在总负债中的比例以支持研发活动的进行。但经理人需要把控好企业的杠杆水平，以免杠杆过高给公司带来较大的风险与压力。

其次，从创新角度出发，非高新技术企业的优先选择是去杠杆。由于我国非金融企业的杠杆率普遍过高，去杠杆成为我国现今的重点工作任务。然而，去杠杆不能简单地一刀切，应考虑不同企业的实际情况精准去杠杆。在高新技术企业中，财务杠杆会对其创新产生显著的促进作用。因此，对于有创新需求且遇到融资约束的高新技术企业而言，为保证其创新活动能良好地进行下去，政府可以考虑通过放宽银行放贷条件等途径适当增加其金融负债，以促进其创新活动的进行。而在非高新技术企业中，由于财务杠杆不会对其创新活动产生影响，因此从创新的角度出发，非高新技术企业是去杠杆工作的优先选择对象。

再者，从创新角度出发，要去杠杆的高新技术企业可以优先考虑降低经营负债率。在高新技术企业中，金融负债形成的财务杠杆对企业的自主创新活动有显著的促进作用，然而经营负债形成的财务杠杆与自主创新之间未发现显著的相关关系。因此，从创新层面考虑，高新技术企业在去杠杆的同时，可以优先选择降低经营负债率，以保障企业的自主创新发展，维持企业的竞争优势。

本篇参考文献

[1] 约瑟夫·阿洛伊斯·熊彼特.经济发展理论[M].北京:商务印书馆,2009.

[2] 张炜,杨选良.自主创新概念的讨论与界定[J].科学学研究,2007,24(6):956-961.

[3] 江小涓.理解科技全球化:资源重组,优势集成和自主创新能力的提升[J].管理世界,2004(6):4-13.

[4] 邓晓岚,陈功玉.企业的核心技术与自主创新[J].科技进步与对策,2001,18(1):119-121.

[5] 徐鹏航.实施技术创新战略,形成自主创新的技术进步机制[J].中外科技政策与管理,1996(3):1-6.

[6] 吴绍芬.尚勇谈科技自主创新的三含义[J].中国高等教育,2005(8):48.

[7] 新华社.温家宝强调要高度重视和大力推进自主创新[EB/OL].(2005-11-17)[2019-03-12].http://www.people.com.cn/GB/54918/55132/3864089.html.

[8] 刘督,万迪昉,吴祖光.我国创业板市场能够识别创新质量吗?[J].科研管理,2016,37(12):46-54.

[9] 刘督,万迪昉,庄梦周,等.天使投资改善了中小企业创新活动吗?[J].科学学与科学技术管理,2016,37(5):96-104.

[10] MYERS S C, MAJLUF N S. Corporate financing and investment decisions when firms have information that investors do not have[J]. Journal of Financial Economics, 1984, 13(2): 187-221.

[11] BROWN J R, FAZZARI S M, PETERSEN B C. Financing innovation and growth: Cash flow, external equity, and the 1990s R&D boom[J]. The Journal of Finance, 2009, 64(1): 151-185.

[12] 鞠晓生.中国上市企业创新投资的融资来源与平滑机制[J].世界经济,2013(4):138-159.

[13] 鞠晓生,卢荻,虞义华.融资约束,营运资本管理与企业创新可持续性[J].经济研究,2013(1):4-16.

[14] 孙早,肖利平.融资结构与企业自主创新:来自中国战略性新兴产业A股上市公司的经验证据[J].经济理论与经济管理,2016(3):45-58.

[15] BERNSTEIN S. Does going public affect innovation? [J]. The Journal of Finance, 2015, 70(4): 1365-1403.

[16] WIES S, MOORMAN C. Going public: how stock market listing changes firm innovation behavior[J]. Journal of Marketing Research, 2015, 52(5): 694-709.
[17] WU J, XU D, PHAN P H. The effects of ownership concentration and corporate debt on corporate divestitures in Chinese listed firms[J]. Asia Pacific Journal of Management, 2011, 28(1): 95-114.
[18] CZARNITZKI D, KRAFT K. Capital control, debt financing and innovative activity[J]. Journal of Economic Behavior & Organization, 2009, 71(2): 372-383.
[19] BALAKRISHNAN S, FOX I. Asset specificity, firm heterogeneity and capital structure [J]. Strategic Management Journal, 1993, 14(1): 3-16.
[20] HALL B H. The financing of research and development[J]. Oxford review of economic policy, 2002, 18(1): 35-51.
[21] MALSHE A, AGARWAL M K. From finance to marketing: the impact of financial leverage on customer satisfaction[J]. Journal of Marketing, 2015, 79(5): 21-38.
[22] LE T V, O'BRIEN J P. Can two wrongs make a right? State ownership and debt in a transition economy[J]. Journal of Management Studies, 2010, 47(7): 1297-1316.
[23] AGHION P, BOND S, KLEMM A, et al. Technology and financial structure: are innovative firms different? [J]. Journal of the European Economic Association, 2004, 2 (2/3): 277-288.
[24] KANG S. Three Essays on the Strategic Effects of Debt on Firms' R & D Decisions[D]. Indiana: Indiana University, 2004.
[25] NISSIM D, PENMAN S H. The association between changes in interest rates, earnings, and equity values[J]. Contemporary Accounting Research, 2003, 20(4): 775-804.
[26] TEZEL A, MCMANUS G M. Disaggregating the return on equity: An expanded leverage approach[J]. Journal of Applied Finance, 2003, 13(1): 66-71.
[27] 明蓓,霍彩云.中小医药企业债务来源结构与现金持有水平关系研究[J].管理观察,2013(36):96-97.
[28] 李建军.中小服务企业债务来源结构与盈利能力实证研究[J].金融与经济,2013(12):44-46.
[29] 刘运国,刘雯.我国上市公司的高管任期与R&D支出[J].管理世界,2007(1):128-136.
[30] 叶红雨,陈恬.高管团队特征对企业研发投入影响的研究:基于高管激励的调节作用[J].技术与创新管理,2016(02):177-182.
[31] 罗宏清,邓玲婉,李国凤.会计稳健性对企业创新投入的影响:基于我国A股上市公司的实证检验[J].广西经济管理干部学院学报,2016,28(3):25-30.
[32] CHIAO C. Relationship between debt, R&D and physical investment, evidence from US

firm-level data[J]. Applied Financial Economics, 2002, 12(2): 105-121.
[33] 曾富全,朱丽俊.资本结构影响企业研发投资决策吗:来自中国证券市场的经验证据[J].会计之友,2009(24):84-88.
[34] JENSEN M C. Agency Costs of Free Cash Flow, Corporate Finance, and Takeovers[J]. Social Science Electronic Publishing, 1986, 76(2): 323-329.
[35] WERNERFELT B. A resource-based view of the firm [J]. Strategic Management Journal, 1984, 5(2): 171-180.
[36] FENG H, MORGAN N A, REGO L L. Marketing department power and firm performance[J]. Journal of Marketing, 2015, 79(5): 1-20.
[37] 卢馨,郑阳飞,李建明.融资约束对企业 R&D 投资的影响研究:来自中国高新技术上市公司的经验证据[J].会计研究,2013(5):51-58.
[38] BECK T, DEMIRGÜÇ-KUNT A, MAKSIMOVIC V. Financial and legal constraints to growth: Does firm size matter? [J]. The Journal of Finance, 2005, 60(1): 137-177.
[39] 王彦.经营负债与金融负债治理效应的差异性分析[J].中国证券期货,2012(12):237-238.
[40] LANJOUW J O, PAKES A, Putnam J. How to count patents and value intellectual property: The uses of patent renewal and application data[J]. The Journal of Industrial Economics, 1998, 46(4): 405-432.
[41] HALL B H, JAFFE A B, TRAJTENBERG M. The NBER patent citation data file: Lessons, insights and methodological tools [R]. Massachusetts: National Bureau of Economic Research, 2001.
[42] 陈昆玉.上市公司技术创新,融资与成长[J].科研管理,2015,36(3):64-70.
[43] ROSSI S. Patents, Capital Structure and the Demand for Corporate Securities[C]//AFA 2006 Boston Meetings, 2005.
[44] 张兵,李晓明.中国股票市场的渐进有效性研究[J].经济研究,2003,1:54-61.
[45] NISSIM D, PENMAN S H. Ratio analysis and equity valuation: From research to practice [J]. Review of Accounting Studies, 2001, 6(1): 109-154.
[46] NISSIM D, PENMAN S H. Financial statement analysis of leverage and how it informs about profitability and price-to-book ratios[J]. Review of Accounting Studies, 2003, 8(4): 531-560.
[47] 聂辉华,谭松涛,王宇锋.创新、企业规模和市场竞争:基于中国企业层面的面板数据分析[J].世界经济,2008,31(7):57-66.
[48] 郭桂霞,巫和懋.公司治理与中小企业融资方式[J].经济学(季刊),2011,11(1):135-154.
[49] 陈修德,梁彤缨,雷鹏,等.高管薪酬激励对企业研发效率的影响效应研究[J].科研管理,

2015,36(9):26-35.

[50] KENNEY M, FLORIDA R. The organization and geography of Japanese R&D: results from a survey of Japanese electronics and biotechnology firms[J]. Research Policy, 1994, 23(3): 305-322.

第二篇

企业自主创新对投资活动的影响研究

并购是最常见的投资活动。创新已成为许多企业的并购驱动力，且在并购过程中形成并购溢价。企业的创新能力对并购溢价的形成具有调节作用。本篇以我国2010—2014年间288个并购事件为研究样本，通过检验不同创新能力条件下各因素对并购溢价的影响，从而研究企业的创新能力如何影响并购溢价。结果表明：在跨行业并购中，没有专利的目标公司会存在信息不对称的情况，其所能带来的协同效应有限，并购溢价相对较低；相反，目标公司拥有专利能为并购带来可观的协同效应并缓解信息不对称，收购公司也愿意为此支付更多溢价。财务指标是对过去经营状况的反映，当目标公司有专利时，历史的盈利能力并不会提高并购溢价。通过高新技术企业认定的收购公司对于没有专利的目标公司不会产生影响，但对于具有专利的目标公司会产生抑制作用。

第7章 研究设想

7.1 研究问题

并购是企业为寻求发展，通过购买另一家企业的股权，从而获得对该企业的控制权以实现协同效应。相较于内部发展，并购是企业实现跨越式发展的重要抓手，也是常见的企业投资行为。创新已成为新的并购驱动力，企业的自主创新能力会对投资活动产生影响。

目前，国内外已有大量关于并购/并购溢价与企业创新之间关系的研究成果，已有研究发现跨行业并购、目标公司在并购前的盈利能力、收购公司是高新技术企业及其他相关因素等都会对并购溢价产生一定程度的影响。而企业的创新能力对并购也有一定的影响。以往的大量文献为本篇的主题研究奠定了理论基础和经验支撑。但在相关研究中，并没有提及企业的创新能力与并购溢价的关系。

因此，在前人的基础上，本篇将用企业的专利拥有量来衡量企业的创新能力，研究在不同的企业创新能力影响下，跨行业并购、目标公司并购前的盈利能力以及收购公司是高新技术企业对并购溢价的影响，从而探讨企业的创新能力会如何对并购溢价产生影响。

7.2 研究意义

并购是深化创新管理体制改革、完善创新成果转化和收益分配机制的重要手段。企业的创新能力通常会成为并购的驱动力，推动着溢价的形成。2015年，戴尔斥资670亿美元收购美国数据存储巨头EMC，这也是近期科技界规模较大的并购事件。戴尔为并购EMC支付了130多亿美元，溢价率达25%。对于正值转型的戴尔而言，不惜负债400亿美元从IBM等对手手中用高溢价抢下

EMC,其原因在于EMC的创新能力能够弥补戴尔在存储和服务器业务上的短板。戴尔可以利用并购做大规模,增强自身与惠普、IBM的等量竞争力,降低自身被市场淘汰的风险。在该并购中,EMC的创新能力是并购的动因,也是影响溢价形成的主要因素。

并购可以使创新成果转化,实现创新成果的市场化,因此很多企业不惜支付高溢价以达成并购。企业可以通过并购实现创新成果的有效配置,提升行业的竞争力,促进社会生产力的进步,提升人民福祉。本篇试图用企业的专利拥有量来衡量企业的创新能力,通过文献和实证研究的方法来分析在我国创新驱动政策的影响下,企业的创新能力会如何影响并购溢价。

在并购中,高溢价似乎已经成为普遍现象。以影视行业为例,随着近年来国内影视行业的蓬勃发展,影视行业的并购也备受青睐,而且普遍存在高估值。2016年5月以深交所为代表的监管部门相继问询了收购影视资产的乐视网与万达院线,要求其对重组标的预估值、交易作价的合理性等问题进行充分说明。那么并购中的高估值是怎么形成的?其高估值的依据又是什么呢?

本篇拟从并购溢价的形成机制入手,探讨企业的创新能力如何影响并购溢价,以丰富有关企业的创新能力和并购溢价的研究。通过理论与实证来证明企业的创新能力对企业及其所在行业的发展具有一定的推动作用,在此基础上为如何完善现有的创新体制提供方向。

7.3 研究方法

本篇的研究方法主要包括案例研究法、文献研究法和实证研究法。其中,案例研究法主要从实践中提炼相关规律,并将其总结为理论问题;文献研究法主要是回顾、梳理前人的研究成果,在前人研究证据的基础上提出研究假设;实证研究法则是运用适当的计量方法,对数据进行整理、分析,从而验证研究假设。

7.3.1 案例研究法

案例研究法,又称个案研究法,通过对研究对象系统地收集数据和资料,进行深入研究,进而得到其中的管理规律。本篇将对历史上著名的创新并购进行资料搜集和案例分析,从中提炼创新并购的一般规律,为理论研究和实证研究提供实践经验。

7.3.2 文献研究法

本篇将通过查阅、回顾、梳理与企业并购、并购溢价、企业创新、企业价值相关的重要文献。在前人研究的基础上，结合我国建设创新驱动社会的背景，提出研究假设，深入探讨企业的创新能力会如何对并购溢价产生影响。

7.3.3 实证研究法

为了保证研究的可靠性，本篇研究将依据提出的假设，按照科学、严谨的计量方法设计研究模型。然后从万德（WIND）数据库中下载相关的并购事件数据，从国泰安 CSMAR 数据库以及收购公司的年报中收集相关财务数据，综合运用 Excel，SAS 9.2 和 Stata 13 等统计软件进行数据整理、描述性统计、OLS 回归及稳健性检验，从而验证假设并分析实证结果。

7.4 技术路线图

本篇的技术路线图如图 7-1 所示。

7.5 本篇结构

本篇具体安排如下：

第 7 章是研究设想，主要阐述本篇的具体研究问题、研究意义、研究方法、技术路线图和本篇结构。

第 8 章是案例分析，分析了历史上著名的创新并购案例，为研究提供实践经验。

第 9 章是文献综述，回顾并梳理国内外有关并购溢价的影响因素、企业创新能力对并购的影响的研究成果。

第 10 章是理论基础与研究假设，主要介绍了解释并购溢价的既有理论，并在理论的基础上提出研究假设。

第 11 章是搜集相关并购数据所进行的实证研究，验证假设并分析实证结果。

第 12 章是结论与贡献。

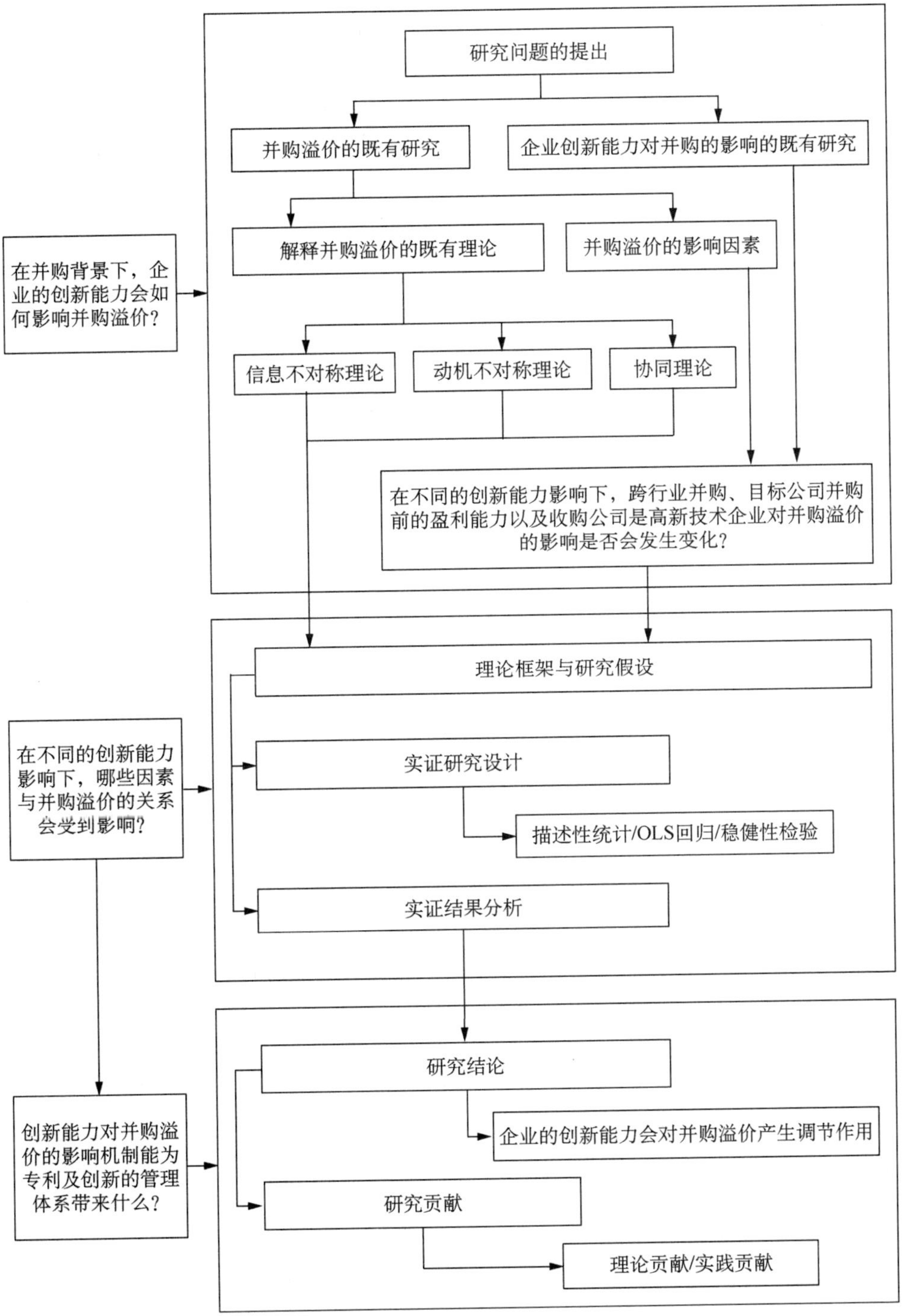
研究问题的提出
并购溢价的既有研究
企业创新能力对并购的影响的既有研究
解释并购溢价的既有理论
并购溢价的影响因素
在并购背景下，企业的创新能力会如何影响并购溢价？
信息不对称理论
动机不对称理论
协同理论
在不同的创新能力影响下，跨行业并购、目标公司并购前的盈利能力以及收购公司是高新技术企业对并购溢价的影响是否会发生变化？
理论框架与研究假设
在不同的创新能力影响下，哪些因素与并购溢价的关系会受到影响？
实证研究设计
描述性统计/OLS回归/稳健性检验
实证结果分析
研究结论
企业的创新能力会对并购溢价产生调节作用
创新能力对并购溢价的影响机制能为专利及创新的管理体系带来什么？
研究贡献
理论贡献/实践贡献

图 7-1　技术路线图

第 8 章　案 例 分 析

8.1　谷歌的创新收购

当今世界，随着时代的发展，以限制其他竞争者为目的的收购越来越少，取而代之的是为了创新而进行的收购。

在瞬息万变的市场中，如何保持系统性和科学性的战略规划？其中，谷歌无疑是一个规则的制定者。当大部分公司还在关注如何在原有的基础上进行创新的时候，谷歌却致力于改造互联网形态，通过做搜索引擎改变了以门户为主要形态的互联网，通过收购 Android，并以 Google+Android 的开发组合重新定义了移动互联网。

对此，谷歌并不满足，而是不断扩大自己的产业链布局，将产业竞争的围墙越筑越高。2011 年，谷歌以每股 40.00 美元现金收购摩托罗拉移动，总额约 125 亿美元，溢价 63%。然而，此次收购的一个主要目的是为了获得摩托罗拉估值 55 亿美元的专利，它能为 Android 系统提供强大的技术支持与法律后盾。除此之外，谷歌在并购创新的路上驾轻就熟，表 8-1 是谷歌收购的十大著名私营公司。

表 8-1　谷歌的创新收购历史

收购时间	收购公司	收购金额/亿美元	收购公司类别
2006 年 10 月 10 日	YouTube	16.5	视频娱乐网站
2007 年 7 月 9 日	Postini	6.25	企业电子邮件安全服务商
2007 年 4 月 14 日	DoubleClick	31	网络广告服务商
2009 年 10 月 30 日	AdMob	7.5	移动广告公司
2010 年 8 月 7 日	Slide	2.28	社交应用开发商
2011 年 6 月 18 日	Admeld	4	在线广告技术公司

（续表）

收购时间	收购公司	收购金额/亿美元	收购公司类别
2011年4月9日	ITA Software	7	飞航资讯科技与服务提供商
2012年8月1日	Wildfire	4.5	社交媒体营销工具提供商
2013年6月10日	Waze	9.66	网络地图公司
2014年1月14日	Nest Labs	32	智能家居厂商

检验企业收购活动成败的重要指标是该收购活动是否达到经营者预期的目的，从谷歌的并购案例中可以看出，新时期的并购通常以创新为主要目的。通过并购，谷歌获取了新的技术，为原有基础提供了源源不断的创新能力，同时也拓展了新兴业务，进而对总体规划进行战略布局，多元化地打造生态系统，全面提高竞争力。

8.2 戴尔收购EMC

2015年10月12日，戴尔斥资670亿美元收购美国数据存储巨头EMC，这也是近年来科技界规模较大的并购事件。戴尔为并购EMC支付了130多亿美元，溢价率达25%。是什么驱使戴尔重金并购EMC?

EMC是一家拥有36年历史的商用数据存储品公司，市场份额稳定在30%左右。即使在存储市场遭受云计算的冲击影响下，EMC仍能保持一定程度的增长，这得益于其不断地技术革新和卓越的创新能力。随着计算机市场朝着新技术和云服务的方向发展，传统服务器和存储硬件会不断迭代升级，对于正值转型期的戴尔而言，不惜负债400亿美元从IBM等对手手中用高溢价抢下EMC，其原因在于EMC的创新能力能够弥补戴尔在存储和服务器业务上的短板。戴尔可以利用并购做大规模，增强自身与惠普、IBM的等量竞争力，降低被市场淘汰的风险。在该并购中，EMC的创新能力是并购的动因，也是影响溢价形成的主要因素。

ESG曾开展了一次针对戴尔＋EMC的用户意向调查。在这次调查反馈中，约有75%的用户对戴尔并购EMC持积极态度，超过一半以上的用户受访者认为戴尔＋EMC的组合将对他们公司的发展有益，在购买戴尔和EMC两家公司产品的共同用户中，看好双方并购的人数比例甚至更高。

戴尔＋EMC这样的组合给储存业界带来了巨大的想象空间，业界和用户普遍认为二者的整合本身就是一种创新，这会大大加强服务器与存储的融合，加快存储行业的变革速度。很显然，戴尔的这次并购是高瞻远瞩的，用670亿美元的并购实现一种基于资本市场存储整合的创新。早前，戴尔已成功构建自己的存储团队，通过此次并购可以有效地弥补戴尔在存储方面内生研发的不足。戴尔+EMC的优势也浮出水面，2017年9月7日，Dell Technologies公布了2018财年第二财务季度（截至2017年8月4日）财报，业绩亮眼。该季度Dell Technologies的收入为193亿美元，上年同期为130亿美元，同比增长48.5%。此外，整合后的EMC也表现亮眼，几大产品线都显著更新，形成了强大的竞争力。

8.3 案例分析小结

从上述两个案例可知，创新驱动的并购成为当今时代的主流，越来越多的公司选择采用收购的方式获取被收购公司的专利、技术等资源，拥有专利等无形资产的公司也可以凭借其创新能力获得更高的议价能力，在并购活动中获得溢价并购。

第9章 文献综述

9.1 并购溢价的影响因素

企业并购是企业兼并和收购的统称。兼并是指两家公司合并组成一家企业,合并后只由一家公司继续经营。收购是指一家企业用购买另一家企业的股票或者资产的方式,获得对该企业的控制权或资产所有权。并购通常被看作是一种理性选择,通过并购可以提升企业价值,实现股东价值最大化。

并购溢价是并购的衍生品,它是并购中支付价格高于公司价值的部分。国外的诸多研究表明,并购过程中支付溢价是很普遍的行为。并购溢价是一个能够很好地体现收购公司和目标公司之间的协同作用的代理变量[1]。

并购溢价一般有两种衡量方式。第一种,并购溢价可以通过计算支付价格与股票价格之差与后者的比值得到,这是一种比较直接的衡量方法。第二种,并购溢价可以通过计算并购公告前后目标公司的累积超额回报得到,这是一种间接的衡量方法[2]。在国外很多关于并购溢价的研究中,如 T. Moeller[3], L. L. Bargeron[4], G. Alexandridis[5]等都采用了间接衡量方法。在并购中,收购公司为了得到控制权,增加控股比例选择买入股票,这会刺激股票价格的上涨,从而产生并购溢价。因此,通过并购企业的股票价格的异常波动能有效衡量并购的溢价程度。

9.1.1 跨行业并购对并购溢价的影响

在并购交易中,并购双方是否处于同一行业会对并购活动产生一定的影响。国内外学者对此做了相关研究。

在并购交易中,并购双方的行业相关度会影响并购和并购价值的创造,之后也会影响资源的重整和并购绩效[6, 7]。短期来看,并购的协同效应会受到并购双方的业务重合程度的影响,高程度的业务重合可能会给收购公司更多协同收益的机会,收购公司的专业经验在管理业务相近的公司时更具作用[8]。所以,在并购交易中，行业相关度越高，并购的协同效应与并购后资源整合的效率均会更高，从而也会影响并购溢价。

9.1.2 目标公司并购前的盈利能力对并购溢价的影响

目标公司在并购交易发生前的经营业绩会影响并购溢价。并购会发生在双方公司都被过度估值的情况下，而并购双方在并购前的绩效会影响公司的估值[9]。如果目标公司的管理层为了个人利益开展收购，比如为了能在并购中获得更大的利益以及在并购后拥有更好的职业发展，目标公司的管理层会倾向于选择通过提升公司在并购前的经营业绩（比如公司的盈利能力指标），向收购公司和股东证明自身卓越的管理能力[10]。所以，目标公司的管理层会为了维护自身利益、稳固地位，努力提升企业的经营业绩，而与之相应，目标公司的股东权力会被削弱，进而失去他们原来所能获得的并购溢价份额。那么对于目标公司而言，并购前的业绩提升稳固了管理层的权力，削弱了股东的权力，并购溢价也会随之下降[3]。所以，目标公司的盈利能力也会在一定程度上影响并购溢价。

9.1.3 收购公司是高新技术企业对并购溢价的影响

收购公司是高新技术企业也会在一定程度上影响并购溢价。以技术为基础的小型企业通常会被那些具有能力的大企业收购。这些大企业通常会利用自己的创新能力来收购那些技术型的小公司从而获得它们的技术，并加以有效利用，以提高自身的生产效率[11]。大企业能有效地控制财产和劳动力，更好地使用专利，使之步入市场，实现商业化。对于收购公司来说，随着专利数量的增加，公司通过技术并购来提升生产效率的意愿会减弱，收购公司的专利数量的增加能够抑制目标公司的专利对并购溢价产生的影响[12]。

9.1.4 其他影响因素

在国内外的已有研究中，还有许多其他因素也在影响着并购溢价。

L. L. Bargeron 等[4]比较了美国的上市公司与非上市公司的并购支付价格，发现非上市企业在并购中支付的溢价小于上市企业。对于上市公司而言，失败的报价会产生不良后果。因为在并购过程中公司公开了自己的战略信息，一旦并购失败，这会导致竞争者得益，公司有可能会成为其他公司的并购目标。在上市公司中，代理问题尤为突出。管理层通常会为了个人利益而损害股东权益。非上市企业收购的公司产生的协同效应可能会小于上市公司，所以相应支付的并购溢价也会减少。

G. Alexandridis 等[5]的研究表明在公开市场的并购活动能够产生收益,但收益获取的程度与目标企业之间的分配取决于公司控制权市场的竞争程度。交易中双方公司的资产规模也会在一定程度上影响并购溢价。企业特征有可能会对竞争的公共市场的目标公司、支付方式和并购溢价产生重大影响。从全球市场来看,市场竞争越激烈,并购的价值创造越多,并购支付的溢价越多。

T. Moeller[3]在研究中发现,并购活动中收购公司是否在之前发生过并购也是影响并购溢价的因素之一。如果收购公司在并购发生前已经做过并购,就会影响其支付能力,那么该并购的预期成本也会相应下降,从而影响该并购的溢价。

M. Rhodes-Kropf 等[9]提出对于目标公司而言,当使用现金收购时,公司的价值被高估的程度会小于使用股权收购时,但在协同作用大于高估值时仍可能会被高估。因此,股票融资的交易更有可能在高估值时完成。现金并购会被低估公司价值或协同作用,而股票并购则会被高估公司价值或协同作用。

9.2 企业创新能力对并购的影响

企业创新是指企业拥有自主的知识产权,在市场竞争中具有技术优势和可持续发展的能力。企业的创新能力可以通过企业的专利拥有量来衡量[13-15]。企业创新能力的提升能够解放和发展生产力,提高劳动率,优化产业结构,实现经济社会的健康发展。

企业的创新能力作为影响并购的一个重要因素,一直以来广受学界关注。国内外有许多学者关于并购企业的创新能力对并购的影响进行了研究,发现创新常常会成为并购的驱动力。

技术型企业在呈现出与众不同的高创新能力的同时,会有被收购的高风险性。已有研究表明,市场往往会表现出对某些高科技收购的预期收益拥有过度的热情[16]。

A. P. De Man, G. Duysters[17]发现企业出于提升创新能力的目的,会通过并购来实现研发外包,转移经营风险,从而降低创新的成本,避免高昂的交易成本;提高公司的总体创新研发预算;通过知识互补结合自身优势开发新产品,实现创新成果的分配。

并购可以为企业节约成本,带来互补性资源,增加无形资产。并购使得资产发生重置,因此在并购后,企业可以实现创新成果的有效配置,进而提升自身的行业竞争力，改善企业绩效[18]。小公司可能会做更多的研发，因为它们认为把创新成果卖给大公司是一种极佳的发展方式。而当大公司发现其在研发方面落后于小企业时，就可以通过收购获得创新成果[19]。

J. Bena 和 K. Li[20]的研究发现，并购的重要驱动力就是结合公司之间的创新能力并且获得相应的协同作用。在研究样本中，那些拥有大的专利组合和较低的研发费用的公司是收购公司，而拥有较高的研发费用并且专利产出增长较缓的公司是目标公司。研究发现，公司之间的技术重叠会对并购交易产生积极的影响，但作用于产品市场时这种效果会有所减弱。在并购前拥有较多创新能力的收购公司在整合了目标公司的资源后会研发出更多的专利。

M. J. Higgins 和 D. Rodriguez[21]提出在医药行业，公司研发能力的恶化是促成并购发生的主要原因。因为这些公司希望通过并购来实现研发外包，改善公司的研发渠道，提升研发能力。对于医药行业的并购而言，如何衡量无形资产价值是一个难题。并购公司间存在信息不对称的问题，这使得收购公司具有一定的信息优势，即收购公司可以通过联盟获知目标公司的专利等信息，从而更好地衡量目标公司的价值，避免估值过度。

温成玉、刘志新[22]探讨了技术并购与并购公司的创新绩效之间的关系。研究表明，技术并购与并购公司的创新绩效呈正相关，而非技术并购对并购公司创新绩效的影响不显著；目标公司技术知识基础规模与并购后并购公司的创新绩效呈负相关；目标公司与并购公司技术知识基础的相对规模与并购后并购公司的创新绩效呈负相关。以技术协同为目的的并购能促进企业的创新，为企业带来协同效应。

9.3 文献评述

综上所述，国内外关于并购与并购溢价的已有研究发现并购溢价会同时受到目标公司特征、收购公司特征、交易特征和市场等多重因素的影响。而企业的创新能力对并购也存在着一定的影响。以往的大量文献为本篇的主题研究奠定了理论基础和经验支撑。但是在已有研究中，尚未有人提到企业的创新能力与并购溢价是否存在联系。

因此，本篇将研究在不同的企业创新能力作用下，跨行业并购、目标公司在并购前的盈利能力、收购公司是高新技术企业对并购溢价的影响是否会发生变化，从而探讨企业的创新能力会如何影响并购溢价。

第 10 章　理论基础与研究假设

10.1　理论基础

在关于并购溢价的形成机制的相关文献中，信息不对称理论、动机不对称理论与协同理论是解释并购溢价的主要理论工具。

10.1.1　信息不对称理论

信息不对称理论最早是在 20 世纪 70 年代，由三位美国经济学家 Kerlof，Spence 和 Stigjiz 提出的。信息不对称理论是指在市场经济活动中，各类人员了解相关信息的程度存在差异。掌握信息比较充分的人往往占有优势，而信息相对匮乏的人则处于劣势；买卖双方中拥有信息较少的一方会努力从另一方处获取信息，掌握更多信息的一方则可以通过向信息贫乏的一方传递可靠信息而在市场中获益。

信息不对称是由风险、信息和纯粹的个人利益导致的[23]。当信息不对称存在于并购交易的买卖双方之间时，会导致更高的交易成本。所以，公司会倾向于利用雇佣机制去降低选择与估值方面的信息不对称程度和并购风险[24]。信息不对称问题在那些价值被低估的企业中尤其明显。所以这些企业会通过并购公告来引起投资人的注意，降低信息不对称的程度，从而达到提升股价、企业价值重估的目的[25]。

10.1.2　动机不对称理论

P. Parvinen 和 H. Tikkanen[23]将动机不对称定义为两个集体的利益冲突，在隐藏的信息、信息不对称、有限理性、风险偏好和个人利益等因素的作用下，核心的动机不对称问题就会产生。隐藏的信息是指与公司经营相关的或独立的交易信息被隐藏了。这部分信息必须是对双方都有用的，但一方或合约双方都不知道。信息不对称是指在经济关系中所涉及的利益相关者在交易中拥有不同程度的信息。有限理性是一种行为假设,人类总是趋于理性但是这个理性的程度是有限的。风险偏好是指不同行为对风险的厌恶程度会导致不同的风险和产出。纯粹的个人利益表明人的行动总是会偏向于维护自身的利益。

信息不对称、隐藏的信息和有限理性可能会导致隐藏的行动。在隐藏行为下,一个利益集体的行为可以不被另一个利益集体知晓,这也会导致利益集体的产出达不到预计。不同行为所经历的风险水平的差异也是动机不对称的基础。为了自身的利益,人的行为往往会与群体的利益背道而驰,这也会导致动机不对称。

在并购的买卖双方拥有不同的动机后,利益集体的一方出于个人利益的需要往往会有机会主义行为,利用自身的信息优势,在事前考虑实现机会的可能性,事后根据信息更改行为。动机不对称还会导致利益双方中处于信息劣势的一方仍坚持他们最初的立场,并且承诺升级,从而产生不必要的损失。逆向选择或次优结果也是动机不对称的产出,利益双方信息不对称会导致利益的一方利用信息优势选择不那么有吸引力的产品推入市场或选择次优结果。

对于并购事件而言,经理人、投行专业人员和所有权人三个主体影响着并购溢价。这三者存在动机不对称。收购公司的经理人出于公司的战略考虑会更倾向于达成交易;投行的专业人员存在技术优势,且与并购双方的经理人的利益一致;所有权人出于自身利益以及考虑到并购后的业绩问题也会倾向于达成并购。所以,对于并购中几个主要影响溢价的主体而言,他们都希望达成并购,所以收购公司会倾向于支付更多的溢价来保障并购的顺利完成。

10.1.3 协同理论

协同理论是由德国物理学家 Hermann Haken 在 20 世纪 70 年代创立的,主要研究在远离平衡状态下的开放系统与外界有物质或能量交换的情况下,系统是如何通过自己内部协同,自发地出现时间、空间和功能上有序结构的规律。在并购活动中,协同理论中的协同效应原理是解释并购溢价的有效工具。

1. 并购协同效应

关于协同效应对并购溢价的影响,国内外学者对此研究颇多,观点也不尽相同。有很多学者认为,协同效应确实促进了并购溢价的产生。从现金要约收购的性质出发,溢价的支付能够促成收购顺利进行,而之前收购所支付的高价则能通过协同效应来弥补[26]。并购后预期所能创造的价值和并购公司的议价能力也导致了并购溢价的产生,但对管理能力的影响程度有限[27]。也有观点认为,并购溢价会同时带来积极和负面的影响。在收购方吸收目标公司股份时，并购溢价对于协同效应所带来的潜在利益会有一定的积极作用；但与此同时，并购溢价也会对收购公司的议价能力产生负面影响[28]。通过研究衡量并购前后的长期业绩变动发现，在根据预期可能实现的协同效应给出高的并购溢价后，并购的协同效应并不理想[29]。经营协同效应与并购溢价的显著性不高，财务协同效应与并购溢价呈正相关[30]。

2. 技术协同效应

根据企业的资源基础理论，技术协同是能够让企业提升产品创新并获得竞争力优势的一种能力[31, 32]，也是成功开发创新产品的前提[33]。尽管研发伴随着高风险且成本巨大，开发独一无二的新产品仍是公司获取经济利益的重要方式[34, 35]。一个公司的技术和资源与它的创新产出息息相关[32,36]。那些拥有独一无二资源的企业往往会有更好的公司表现和可持续竞争力[37, 38]。在高新技术企业中，创新资本对于公司表现的协同效应尤为显著[39]。技术协同效应的影响机制如图 10-1 所示。

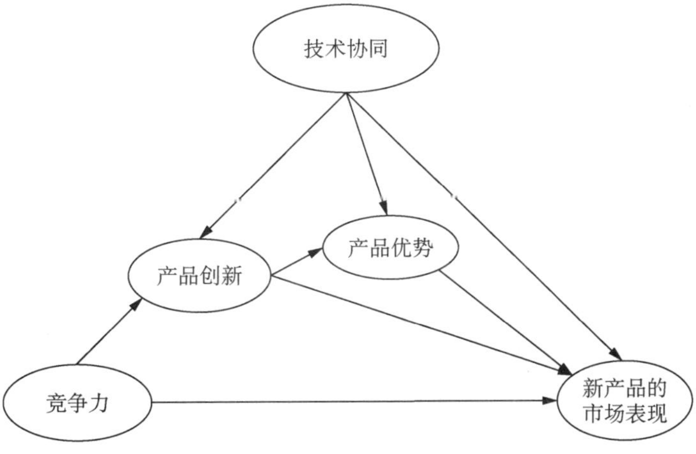

图 10-1　技术协同效应的影响机制

10.2　研究假设

参照 S. Bernstein[13]，J. Cornaggia[14]，A. Seru[15]等的研究，我们认为可以通过企业的专利拥有量来衡量企业的创新能力，企业的专利拥有量越大，企业的创新能力就越强。

10.2.1 在不同的创新能力作用下,跨行业并购对并购溢价的影响

一般而言,收购公司会更倾向于关注目标公司的财务资源以及该资源在未来能为本公司带来多少利益。当收购公司及其所在行业的绩效很好时,公司会利用自身的资源和能力选择留在这个行业并通过相关行业并购增强自己的势力[7]。所以高盈利的行业通常不会选择跨行业并购。而低盈利的公司为避免增长缓慢或停滞,会愿意选择通过多元化并购进入其他更有吸引力的行业。对于身处低盈利行业的收购公司而言,企业所能支付的并购成本较低。此外,根据效用理论,行业相关性越低的并购,其所能带来的协同效应越低[8]。相较于同行业并购,跨行业并购预计能带来的协同效应较低、企业的议价能力较低,相应地收购公司愿意支付的并购溢价也会较低。

假设 H1-a:目标公司无专利时,相较于同行业并购,跨行业并购对并购溢价有负面影响。

对于目标公司而言,拥有专利意味着该企业的创新能力高于一般企业,能够吸引更多公司进行跨行业并购。在跨行业并购中,新技术的导入可以使收购公司通过并购实现技术进入或互补,由此提升自身的产品,从而提高公司经营绩效[8],形成协同效应。此外,相较于同行业并购,跨行业并购的双方存在一定程度的信息不对称,收购公司所能获知的目标公司及其行业的相关信息相对较少,而目标公司拥有专利能降低并购交易中信息不对称的程度[23]。收购公司在获知了目标公司的专利信息后会提升对并购后所能创造的价值的预期[21]。考虑到并购后的协同效应和公司本身的议价能力,收购公司会选择支付更高的溢价来保障并购的顺利完成[26]。

假设 H1-b:目标公司有专利时,相较于同行业并购,跨行业并购对并购溢价有正面影响。

10.2.2 在不同的创新能力作用下,目标公司并购前的盈利能力对并购溢价的影响

一般来说,收购公司会将并购焦点放在企业的财务资源所能带来的预期回报和投资价值上。目标公司在并购前的绩效会影响公司的估值[9]。在并购中,目标公司的管理层为了能在并购后获得更大的利益以及拥有更好的职业发展,会倾向于通过提升公司在并购前的经营业绩(比如公司的盈利能力指标)向收购

公司和股东证明自身卓越的管理能力[10]，进而提升目标公司在并购中的谈判地位。作为衡量目标公司价值的关键指标，目标公司的盈利能力越高，说明其运用自有资本的效率较高，投资价值也就越高，收购公司在并购后能获取的经济利益也就越多。所以，在其他资源条件相同的情况下，目标公司的盈利能力越高，收购公司愿意支付的并购溢价也就越高。

假设 H2-a：目标公司无专利时，目标公司并购前的盈利能力与并购溢价呈正相关。

在衡量拥有专利的企业的投资价值时，产品技术能力会成为更重要的指标，公司的盈利能力并不一定会成为决定性因素[40]。财务指标是对企业过去经营状况的反映，而收购公司在支付溢价时会更多地考虑未来会因为并购产生的经济效益和协同效应。由于企业过去的经营状况并不能完全决定未来的经济效益，因此目标公司在并购前的盈利能力并不一定能完全决定并购溢价。

假设 H2-b：目标公司有专利时，目标公司并购前的盈利能力与并购溢价不会呈显著正相关。

10.2.3　在不同的创新能力作用下，收购公司是高新技术企业对并购溢价的影响

当目标公司没有专利时，在相同的公司资源条件下，无论收购公司是否是高新技术企业，一般都不会产生技术协同效应。企业综合能力的提升不是能力要素的简单叠加，而是能力要素的协同[41]。所以在这种情况下，高新技术企业不能通过并购实现技术协同从而提升综合能力。根据协同理论，并购后预期所能创造的价值和并购公司的议价能力导致了并购溢价的产生[27]。在并购双方不会产生技术协同的前提下，其他资源要素会给企业带来潜在的协同效应，从而影响并购溢价。因此，目标公司无专利，并购溢价不受收购公司是高新技术企业因素的影响。

假设 H3-a：目标公司无专利时，收购公司是否是高新技术企业与并购溢价无关。

专利是对企业创新能力的认可。当目标公司拥有专利时，企业的创新能力一般会成为并购的核心。许多大企业通常会利用自己的创新能力来收购那些技术型的小公司从而来获得他们的技术并加以有效利用，以期提高自身公司的生产效率[11]。当收购公司的专利数量增加时，企业想要通过收购别的公司提升技术和生产效率的意愿就会减弱，这能够在一定程度上抑制目标公司的专利数量

对并购溢价的影响[12]。相较于不是高新技术企业的收购公司而言，当收购公司有专利时，其创新能力增强，也更了解创新技术会带来的协同效应，并购双方的信息不对称程度也会随之降低，这也使得收购公司能更理性地对目标公司的公司价值进行评估，这在一定程度上会抑制并购溢价。

假设 H3-b：目标公司有专利时，相较于非高新技术企业，收购公司是高新技术企业对并购溢价有负面影响。

第 11 章　实 证 研 究

11.1　数据来源

本章实证研究所用的并购事件样本均来自万德(WIND)数据库的中国并购库(并购事件文件)。非上市公司(目标公司)的公司全称和财务数据来自万德(WIND)数据库的中国企业库以及上市公司(收购公司)在并购交易日公布的资产评估报告和目标公司并购前一年的审计报告。上市公司的财务数据来自国泰安 CSMAR 数据库的中国上市公司财务报表数据库和中国上市公司财务指标分析库。上市公司在并购前一年是否发生过并购的数据来自万德(WIND)数据库的中国并购库。上市公司的高新技术企业信息来自上市公司年报。并购交易的支付方式、并购双方行业数据分别来自万德(WIND)数据库的中国并购库和中国企业库。以上数据中,目标企业的财务数据、并购交易特征数据、高新技术企业数据均通过手工收集。目标公司的专利信息则是利用网络爬虫收集得到。表 11-1 为本章实证研究的数据来源。

表 11-1　数据来源

类别	样本	来源
并购交易	并购事件及其他并购交易特征数据	万德(WIND)数据库的中国并购库(并购事件文件)
收购公司	上市公司财务数据	国泰安 CSMAR 数据库的中国上市公司财务报表数据库和中国上市公司财务指标分析库
	其他特征数据	万德(WIND)的中国并购库、年报
目标公司	非上市公司财务数据	万德(WIND)数据库的中国企业库、收购公司的资产评估报告
	其他特征数据	万德(WIND)数据库的中国企业库、年报
	专利信息	中国知识产权局官网的专利信息检索

11.2 样本选择

本章选取了我国在2010年1月1日至2014年12月31日期间的并购事件作为研究样本(图11-1)。并购样本的筛选标准如下:①收购公司是上市公司,目标公司是非上市公司;②并购事件的交易标的必须是100%股权;③并购事件是完成状态;④不是关联交易。

图11-1 并购事件的时间分布

按照上述标准筛选后,得到最初的472个并购样本。在此基础上,补充了并购双方的财务数据及其他交易特征后,剔除了缺失数据的样本,最终得到288个样本作为研究的样本总体(样本筛选过程如表11-2所列)。在最终的288个样本中,表11-3为收购公司是否是高新技术企业和目标公司有无专利的企业分布,表11-4为并购是否跨行业和目标公司有无专利的企业分布。为了消除极端值的影响,我们对并购溢价倍数采用winsorize缩尾处理,即对那些小于1%分位数(大于99%分位数)的并购溢价倍数,令其值等于1%分位数(99%分位数)。

表11-2 样本筛选过程

筛选条件	样本数目
万德(WIND)数据库的中国并购库(并购事件文件)最初检索得到的样本	472
剔除重复数据和交易标的不是100%股权的样本	462
剔除目标公司财务数据缺失的样本	345

（续表）

筛选条件	样本数目
剔除目标公司净资产小于零的样本①	322
剔除金融行业样本	288
最终得到并购事件样本数	288

表 11-3 专利-高新技术企业的公司分布

	目标公司有专利	目标公司没有专利	总计
收购公司是高新技术企业	80	96	176
收购公司不是高新技术企业	30	82	112
总计	110	178	288

表 11-4 专利-跨行业并购的公司分布

	目标公司有专利	目标公司没有专利	总计
跨行业并购	68	110	178
同行业并购	42	68	110
总计	110	178	288

11.3 实证设计

11.3.1 变量定义

1. 被解释变量——并购溢价倍数

并购溢价是并购活动中支付价格高于公司价值的部分。并购溢价是一个能够很好地体现收购公司和目标公司之间的协同作用的代理变量[1]。在本章研究中，并购溢价会通过计算并购交易价值与企业账面价值之差与后者的比值得到，这是一种比较直接的衡量方法。

2. 影响因素

（1）专利数量

并购的重要驱动力就是结合公司之间的创新能力并且获得相应的协同作

① 净资产小于零的公司是破产清算企业，故剔除。

用[20]。企业的创新能力是通过专利的指标进行衡量[13-15]。

（2）跨行业并购

并购双方的高业务重合程度可能给收购公司更多协同收益的机会。交易是否跨行业不仅影响着并购溢价，也影响着并购后的资源整合[6]。

（3）收购公司是高新技术企业

收购公司的创新能力也会影响到并购交易中的并购溢价[11, 12]。

（4）净资产收益率

净资产收益率能够反映公司在并购前的盈利水平，这也是影响并购溢价的一大因素。

（5）其他影响因素

在并购活动中，现金资产率、资产负债率、公司规模、并购发生的年份、并购双方所属行业等因素也会影响并购。

详细的变量定义见表 11-5。

11.3.2 模型设置

为了验证本章所提出的假设，我们构建了模型一，如式(11-1)所示。在该模型中，并购溢价用并购交易价值与账面价值之差与后者的比值来衡量。我们将样本分为目标公司有专利和目标公司没有专利两组，通过总体和两个样本组来检验在不同的企业创新能力影响下，各因素对并购溢价的影响。所有的影响因素都是用并购前最近的数据，以便明确它们和被解释变量之间的因果关系。

模型一：

$$\begin{aligned}\text{Premium} = {} & \beta_0 + \beta_1 \times \lg(\text{Target Assets}_{t-1}) + \beta_2 \times \text{Target ROE}_{t-1} + \\ & \beta_3 \times \lg(\text{Acquirer Assets}_{t-1}) + \beta_4 \times \text{High-tech}_{t-1} + \beta_5 \times \\ & \text{Cash Assets Ratio}_{t-1} + \beta_6 \times \text{Debt to Assets Ratio}_{t-1} + \\ & \beta_7 \times \text{Acquirer ROE}_{t-1} + \beta_8 \times \text{Cross Industry} + \beta_9 \times \\ & \text{Year} + \beta_{10} \times \text{Industry} + \varepsilon \end{aligned} \tag{11-1}$$

这里主要关注 β_2，β_4 和 β_8。其中，β_2 用于衡量目标公司在并购前的盈利能力对并购溢价的影响程度。鉴于目标公司在没有专利时，并购前的盈利能力代表着企业的投资价值，所以该情况下 β_2 应该大于 0；目标公司在有专利时，并购前的盈利能力并不能决定并购溢价，所以该情况下 β_2 不确定。β_4 用于衡量收购公司是高新技术企业对并购溢价的影响程度。在目标公司拥有专利的情况下，

表 11-5　变量定义表

变量	名称	定义	数据库	文献出处
被解释变量：				
Premium	并购溢价倍数	$\frac{\text{并购交易价值}-\text{企业账面价值}}{\text{企业账面价值}}$	万德（WIND）、年报数据	温日光(2015)[2]
影响因素：				
① 目标公司特征				
Patent	专利	虚拟变量。目标公司有专利时，虚拟变量取 1；目标公司没有专利时，虚拟变量取 0	中国知识产权局官网	Seru(2014)[15]；Bernstein(2015)[13]；Cornaggia 等(2015)[14]
Target Assets	公司规模	lg(目标公司资产)	万德（WIND）、年报数据	Alexandridis 等(2010)[5]
Target ROE	净资产收益率	$\frac{\text{净利润}}{\text{股东权益余额}}$	万德（WIND）、年报数据	Harford(2003)[10]
② 收购公司特征				
Acquirer Assets	公司规模	lg(收购公司资产)	万德(WIND)	Alexandridis 等(2010)[5]
High-tech	高新技术企业	虚拟变量。收购公司是高新技术企业时，变量取 1；收购公司不是高新技术企业时，变量取 0	万德（WIND）、年报数据	温成玉、刘志新(2011)[22]

（续表）

变量	名称	定义	数据库	文献出处
Cash Assets Ratio	现金资产率	$\frac{\text{期末现金及现金等价物余额}}{\text{资产总计}}$	国泰安	Rhodes-Kropf 等(2005)[9]
Debt to Assets Ratio	资产负债率	$\frac{\text{负债合计}}{\text{资产总计}}$	国泰安	Rhodes-Kropf 等(2005)[9]
Acquirer ROE	净资产收益率	$\frac{\text{净利润}}{\text{股东权益余额}}$	国泰安	Rhodes-Kropf 等(2005)[9]
③ 交易特征				
Cross Industry	跨行业	虚拟变量。跨行业并购时，变量取 1；同行业并购时，变量取 0	万德(WIND)	Moeller(2005)[3] Antoniou 等(2008)[1]
Year	并购年份	并购发生年份	万德(WIND)	Harford(2003)[10]
Industry	并购行业	并购公司行业	万德(WIND)	Phillips 和 Zhdanov(2012)[19]

如果 $\beta_4 < 0$ 则说明相较于非高新技术企业，收购公司是高新技术企业对并购溢价会产生负面影响。β_8 用于衡量跨行业并购对并购溢价的影响程度。在目标公司拥有专利的情况下，如果 $\beta_8 > 0$ 则说明相较于同行业并购，跨行业并购对并购溢价的影响是正面的；目标公司在没有专利时，$\beta_8 < 0$ 则说明了相较于同行业并购，跨行业并购对并购溢价的影响是负面的。

11.4 实证分析

11.4.1 描述性统计

模型一中的主要变量和市场特征变量的描述性统计结果见表 11-6。该描述性统计按目标公司有无专利为标准，将研究样本分为总体样本、目标公司拥有专利的样本和目标公司没有专利的样本共三组。在 2010—2014 年上市公司收购非上市公司的并购事件中，总体样本的并购溢价倍数均值为 6.88，有专利组的均值为 7.06，无专利组的均值为 6.76。由此可以看到，有专利的目标公司在收购时取得的溢价程度略高于无专利的目标公司。由于有专利样本组的溢价的标准差小于总体样本组和无专利样本组，所以该溢价水平的离散程度较低。由表11-6可知，目标公司有专利的样本中，收购公司是高新技术企业的均值明显高于无专利组中该因素的均值。结合表 11-3 所示高新技术企业与目标公司有无专利的企业分布情况和该因素的 T 统计量在 1%的水平上显著的结论，说明相较于没有专利的目标公司，当目标公司有专利时，收购公司是高新技术企业的可能性较高。此外，还可以发现，并购事件的[−1, 1]窗口期的 CAR 值的 T 统计量在 5%的水平上是显著的。这反映了当目标企业有专利时，市场对并购的反响也会相对较好。目标公司资产状况的 T 统计量在 1%的水平上显著，说明有专利的目标公司，其资产规模会好于没有专利的目标公司。

表 11-6 描述性统计

变量	变量符号	Total	Patent=1	Patent=0	Difference
被解释变量	Premium	6.88 [15.56]	7.06 [12.85]	6.76 [17.05]	0.30 [−0.17]
交易特征	Cross Industry	0.38 [0.49]	0.38 [0.49]	0.38 [0.49]	0.00 [0.00]

（续表）

变量	变量符号	Total	Patent=1	Patent=0	Difference
目标公司特征	Target Assets	7.80 [0.76]	8.01 [0.71]	7.67 [0.77]	0.33 [−3.71]***
	Target ROE	0.08 [0.97]	0.05 [1.20]	0.09 [0.80]	−0.04 [0.30]
收购公司特征	High-tech	0.61 [0.49]	0.73 [0.45]	0.54 [0.50]	0.19 [−3.18]***
	Cash Assets Ratio	0.27 [0.20]	0.26 [0.18]	0.27 [0.22]	−0.01 [0.27]
	Debt to Assets Ratio	0.36 [0.30]	0.33 [0.24]	0.37 [0.33]	−0.04 [1.06]
	Acquirer ROE	0.09 [0.11]	0.10 [0.13]	0.09 [0.09]	0.01 [−0.42]
	Acquirer Assets	9.26 [0.44]	9.19 [0.35]	9.31 [0.48]	−0.13 [2.57]
市场特征	CAR	0.05 [0.12]	0.07 [0.14]	0.03 [0.10]	0.03 [−2.25]**
	Observation	288	110	178	

注:变量的首行表示该变量的均值,[ ]表示该变量的标准差。Difference 列中的[ ]表示 T 统计量或 Z 统计量。***，**，* 分别表示 1%，5%，10%的显著性水平。

主要变量的相关性系数如表 11-7 所列。

11.4.2 回归分析

为了验证假设,我们需要利用模型一来检验在不同的创新能力作用下,跨行业并购、目标公司在并购前的盈利能力和收购企业是高新技术企业对并购溢价的影响。表 11-8 为模型一的 OLS 回归结果。

就跨行业并购而言,在同时控制行业和交易年份的条件下,该因素与总体样本的并购溢价倍数的回归系数为−0.32,表明在同等条件下,跨行业并购的并购溢价比同行业并购的并购溢价少 0.32 倍。当目标企业没有专利时,跨行业并购因素与专利组的并购溢价倍数的回归系数为−3.24,结果负相关但不显著。这表明相较于同行业并购,行业相关性越低的并购所能带来的协同效应越低,所以收购公司愿意支付的溢价就较低。当目标企业有专利时,跨行业并购因素与专利组的并购溢价倍数的回归系数为 5.58,在 5%的显著性水平上呈正相关。

表 11-7 主要变量的相关性系数表

	Premium	Patent	Target assets	Target ROE	High-tech	Acquirer assets	Cash Assets Ratio	Debt to Assets Ratio	Acquirer ROE	Cross industry
Premium	1									
Patent	0.01	1								
Target assets	−0.15	0.21	1							
Target ROE	−0.02	−0.02	0.11	1						
High-tech	−0.04	0.19	−0.13	0.02	1					
Acquirer assets	−0.05	−0.14	0.17	−0.08	−0.20	1				
Cash Assets Ratio	0.03	−0.02	−0.18	−0.01	0.18	−0.28	1			
Debt to Assets Ratio	−0.10	−0.06	0.28	−0.02	−0.27	0.08	−0.38	1		
Acquirer ROE	−0.03	0.03	−0.20	−0.01	0.05	−0.11	−0.05	−0.17	1	
Cross industry	−0.02	0.00	−0.06	0.01	0.08	0.03	−0.08	0.01	−0.09	1

表 11-8 模型一 OLS 回归结果

变量	Patent=1				Patent=0				Total			
	(1.1)	(1.2)	(1.3)	(1.4)	(1.5)	(1.6)	(1.7)	(1.8)	(1.9)	(1.10)	(1.11)	(1.12)
目标公司特征												
Target Assets	−3.93 [−2.02]**	−3.51 [−1.75]**	−4.50 [−2.27]**	−4.34 [−2.13]**	−2.18 [−1.22]	−2.56 [−1.42]	−2.47 [−1.35]	−2.91 [−1.58]	−2.93 [−2.26]**	−3.18 [−2.47]**	−3.26 [−2.50]**	−3.48 [−2.68]***
Target ROE	−2.24 [−2.13]**	−1.92 [−1.84]**	−2.36 [−2.23]**	−1.79 [−1.66]*	3.05 [1.90]*	2.66 [1.64]	2.91 [1.76]*	2.49 [1.48]	−0.23 [−0.24]	−0.26 [−0.27]	−0.56 [−0.58]	−0.52 [−0.55]
收购公司特征												
High-tech	−4.10 [−1.49]	−4.60 [−1.67]**	−4.84 [−1.74]*	−5.28 [−1.88]**	−1.08 [−0.39]	−1.77 [−0.63]	−1.83 [−0.62]	−2.59 [−0.87]	−2.59 [−0.24]	−2.98 [−1.51]	−3.17 [−1.54]	−3.32 [−1.61]
Acquirer Assets	0.74 [0.21]	−0.74 [−0.21]	2.05 [0.54]	1.11 [0.29]	−2.25 [−0.77]	−2.56 [−0.87]	−0.92 [−0.29]	−1.51 [−0.46]	−2.04 [−0.91]	−2.77 [−1.24]	−0.20 [−0.08]	−1.19 [−0.49]
Cash Assets Ratio	−17.44 [−2.25]**	−13.35 [−1.59]	−18.69 [−2.35]**	−16.32 [−1.91]**	2.06 [0.31]	7.24 [1.00]	3.64 [0.52]	10.12 [1.33]	−3.19 [−0.62]	2.43 [0.44]	−2.52 [−0.48]	3.17 [0.56]
Debt to Assets Ratio	−10.78 [−1.75]*	−7.88 [−1.20]	−11.83 [−1.92]*	−9.68 [−1.47]	−4.23 [−0.96]	−2.12 [−0.46]	−4.04 [−0.88]	−2.51 [−0.53]	−5.82 [−1.65]	−2.96 [−0.82]	−4.83 [−1.35]	−2.57 [−0.7]
Acquirer ROE	−15.36 [−1.48]	−10.01 [−0.93]	−13.42 [−1.26]	−12.02 [−1.1]	−16.04 [−1.11]	−7.90 [−0.53]	−13.35 [−0.90]	−4.04 [−0.26]	−12.07 [−1.34]	−4.12 [−0.45]	−9.02 [−1.00]	−1.83 [−0.2]
交易特征												
Cross Industry	3.14 [1.30]	4.69 [1.91]**	3.60 [1.44]	5.58 [2.17]**	−3.93 [−1.49]	−3.66 [−1.35]	−3.58 [−1.30]	−3.24 [−1.15]	−0.93 [−0.49]	−0.34 [−0.18]	−0.77 [−0.40]	−0.32 [−0.16]
Constant	43.33 [1.27]	45.28 [1.34]	32.02 [0.93]	33.84 [0.96]	48.76 [1.63]	45.84 [1.52]	38.51 [1.19]	38.58 [1.18]	54.73 [2.38]**	54.08 [2.38]**	37.57 [1.55]	41.01 [1.71]*
Year	不控制	控制	不控制	控制	不控制	控制	不控制	控制	不控制	控制	不控制	控制
Industry	不控制	不控制	控制	控制	不控制	不控制	控制	控制	不控制	不控制	控制	控制
Observation	110	110	110	110	178	178	178	178	288	288	288	288
F 值	3.08***	2.92***	2.6***	2.57***	1.54	1.5	1.21	1.28	1.5	2.19**	1.56*	1.87**
R-squared	0.20	0.27	0.29	0.35	0.07	0.10	0.11	0.14	0.04	0.09	0.08	0.12

注：[ ]表示该变量的 *T* 统计量。***，**，*分别表示 1%，5%，10%的显著性水平。

回归结果说明了当目标企业有专利时，相较于同行业并购，跨行业并购会对并购溢价产生正面影响。在只控制了交易年份、不控制行业的情况下，当目标企业有专利时，跨行业并购因素与专利组的并购溢价倍数也在5%的显著性水平上呈正相关。这也印证了专利技术能为并购带来更大的协同效应，收购公司愿意为有专利的公司支付更多溢价。这与本篇假设H1-a和假设H1-b是一致的。

对于目标公司在并购前的盈利能力而言，在同时控制行业和交易年份的条件下，总体样本中目标公司并购前的盈利能力与并购溢价倍数的回归系数小于0，此结果表明在总体样本中，目标公司并购前的盈利能力并不能为并购溢价带来边际收益。在目标公司没有专利的这类样本中，目标公司在并购前的盈利能力与并购溢价倍数的回归系数是2.49，呈正相关但不显著。在调整了对交易年份、行业的控制后，目标公司在并购前的盈利能力与并购溢价倍数在10%的显著性上呈正相关。这说明当目标公司没有专利时，企业在并购前的盈利能力成为衡量企业投资价值的关键指标，会在一定程度上正面影响溢价。在目标公司有专利的样本中，目标公司在并购前的盈利能力与并购溢价倍数的回归系数为－1.79，结果在10%的水平上呈显著负相关。回归结果说明了目标公司在并购前的盈利能力每上升一个单位并购溢价就会下降1.79倍。在调整了对交易年份、行业的控制后，目标公司在并购前的盈利能力与并购溢价倍数都在5%的显著性上呈负相关。这反映了在目标公司有专利时，并购前的盈利能力不能完全决定并购在未来所能带来的协同效应和并购的溢价程度，用财务数据解释溢价相对困难，另外还要考虑到企业的创新能力对并购溢价的影响。这与本篇假设H2-a和假设H2-b相吻合。

在总体样本和目标公司没有专利的样本中，相较于非高新技术企业，收购公司是高新技术企业会对并购溢价倍数产生负面影响。在同时控制了交易年份和行业的条件下，在目标公司有专利的样本中，该因素与并购溢价的回归系数为－5.28，在5%的显著性水平上呈负相关。这意味着在目标公司有专利时，在同等条件下，收购公司是高新技术企业的并购溢价比收购公司是非高新技术企业的并购溢价小5倍。相较于非高新技术企业，收购公司是高新技术企业在目标公司有专利时有可能发挥技术协同效应，但是收购企业的专利数量的增加能够抑制目标公司的专利数量对并购溢价的影响。上述结论在调整了对交易年份与行业的控制后依然成立。这也印证了本篇假设H3-a和假设H3-b。

在其他影响并购溢价的因素中，目标公司的资产规模在总体样本中与并购溢价倍数呈显著负相关。在目标公司有专利时，目标公司的资产规模与并购溢价倍数在5%的显著性水平上负相关。收购公司的现金资产比率在目标公司有专利的样本中在5%的水平上显著负相关。这也反映了目标公司的资产规模和收购公司的现金资产比率每上升一个单位,会造成并购溢价不同程度的下降。

从总体样本来看,总体样本的模型拟合度为12.27%,相对较低。但在目标企业有专利的样本组中,整体模型的拟合度达到了35.19%,这说明在目标企业有专利的情况下,有35.19%的并购溢价能通过该模型得到解释。而对目标企业没有专利的样本组而言,样本模型的拟合度为14.01%。此外,模型中总体的F值是显著的,专利组的F值为2.57在1%的水平上显著,而非专利组的F值为1.28,结果并不显著。

11.4.3 稳健性检验

稳健性检验考察的是评价方法和评价指标是否仍然对评价结果保持一个比较一致且稳定的解释,即实证结果是否随着参数设定的改变而发生变化。本章研究的稳健性检验将从引入交互变量和异方差检验两方面入手。

1. 引入交互变量

为了检验模型一的OLS回归结果的稳健性,我们在这部分引进了三个交互变量,并在模型一的基础上构建三个新的模型:模型二即式(11-2)、模型三即式(11-3)、模型四即式(11-4)。这三个模型分别引入了专利与跨行业并购因素、专利与目标公司并购前的盈利能力因素、专利与收购公司是高新技术企业因素,目的是检验分别加入交互变量后,模型一得到的结论是否会发生变化。

模型二是引入专利与跨行业并购因素(Patent×Cross Industry)后的回归模型,如式(11-2)所示。

模型二:

$$\begin{aligned}\text{Premium} = {} & \beta_0 + \beta_1 \times \lg(\text{Target Assets}_{t-1}) + \beta_2 \times \text{Target ROE}_{t-1} + \beta_3 \times \\ & \lg(\text{Acquirer Assets}_{t-1}) + \beta_4 \times \text{High-tech}_{t-1} + \beta_5 \times \\ & \text{Cash Assets Ratio}_{t-1} + \beta_6 \times \text{Debt to Assets Ratio}_{t-1} + \\ & \beta_7 \times \text{Acquirer ROE}_{t-1} + \beta_8 \times \text{Cross Industry} + \beta_9 \times \\ & \text{Year} + \beta_{10} \times \text{Industry} + \beta_{11} \times \text{Patent} \times \text{Cross Industry} + \varepsilon\end{aligned} \quad (11\text{-}2)$$

模型三是引入专利与目标公司并购前的盈利能力因素(Patent×Target ROE$_{t-1}$)后的回归模型,如式(11-3)所示。

模型三：

$$
\begin{aligned}
\text{Premium} = &\beta_0 + \beta_1 \times \lg(\text{Target Assets}_{t-1}) + \beta_2 \times \text{Target ROE}_{t-1} + \\
&\beta_3 \times \lg(\text{Acquirer Assets}_{t-1}) + \beta_4 \times \text{High-tech}_{t-1} + \\
&\beta_5 \times \text{Cash Assets Ratio}_{t-1} + \beta_6 \times \text{Debt to Assets Ratio}_{t-1} + \\
&\beta_7 \times \text{Acquirer ROE}_{t-1} + \beta_8 \times \text{Cross Industry} + \beta_9 \times \text{Year} + \\
&\beta_{10} \times \text{Industry} + \beta_{11} \times \text{Patent} \times \text{Target ROE}_{t-1} + \varepsilon \qquad (11\text{-}3)
\end{aligned}
$$

模型四是引入专利与收购公司是高新技术企业因素（Patent × High-tech_{t-1}）后的回归模型，如式(11-4)所示。

模型四：

$$
\begin{aligned}
\text{Premium} = &\beta_0 + \beta_1 \times \lg(\text{Target Assets}_{t-1}) + \beta_2 \times \text{Target ROE}_{t-1} + \\
&\beta_3 \times \lg(\text{Acquirer Assets}_{t-1}) + \beta_4 \times \text{High-tech}_{t-1} + \\
&\beta_5 \times \text{Cash Assets Ratio}_{t-1} + \beta_6 \times \text{Debt to Assets Ratio}_{t-1} + \\
&\beta_7 \times \text{Acquirer ROE}_{t-1} + \beta_8 \times \text{Cross Industry} + \beta_9 \times \text{Year} + \\
&\beta_{10} \times \text{Industry} + \beta_{11} \times \text{Patent} \times \text{High-tech}_{t-1} + \varepsilon \qquad (11\text{-}4)
\end{aligned}
$$

表 11-9 是分别引入了这三个交互变量后，总体样本的回归结果。根据回归结果：第一，跨行业并购因素与并购溢价倍数在 10% 的水平上呈显著正相关。当目标公司没有专利时，在同等条件下，跨行业并购比同行业并购的并购溢价少 2.42 倍；当目标公司有专利时，在同等条件下，跨行业并购比同行业并购的并购溢价多 2.98 倍。第二，目标公司在并购前的盈利能力与并购溢价倍数在 5% 的显著性水平上负相关。当目标公司没有专利时，目标公司在并购前的盈利能力每上升一个单位，并购溢价下降 2.31 倍；当目标公司有专利时，目标公司在并购前的盈利能力每上升一个单位，并购溢价倍数下降 2.59 倍。第三，收购公司是高新技术企业因素与并购溢价倍数负相关，但不显著。当目标公司没有专利时，收购公司是高新技术企业的并购溢价比收购公司是非高新技术企业的并购溢价少 3.37 倍，会对并购溢价有负面影响；当目标公司有专利时，收购公司是高新技术企业的并购溢价比收购公司是非高新技术企业的并购溢价少 3.26 倍。

表 11-9　稳健性检验——引入交互变量

变量	模型二	模型三	模型四
Patent * Cross Industry	5.40 [1.72]*		

（续表）

变量	模型二	模型三	模型四
Patent　Target ROE		−4.90 [−2.55]**	
Patent * High-tech			0.11 [0.05]
目标公司特征			
Target Assets	−3.81 [−2.91]***	−3.02 [−2.33]**	−3.50 [−2.62]***
Target ROE	−0.42 [−0.44]	2.31 [1.59]	−0.52 [−0.55]
收购公司特征			
High-tech	−3.54 [−1.72]*	−2.40 [−1.16]	−3.37 [−1.44]
Acquirer Assets	−0.68 [−0.28]	−1.13 [−0.47]	−1.17 [−0.48]
Cash Assets Ratio	3.12 [0.55]	2.75 [0.49]	3.19 [0.56]
Debt to Assets Ratio	−2.09 [−0.57]	−2.46 [−0.68]	−2.56 [−0.70]
Acquirer ROE	−2.11 [−0.23]	−2.30 [−0.25]	−1.83 [−0.20]
交易特征			
Cross Industry	−2.42 [−1.05]	−0.49 [−0.26]	−0.32 [−0.16]
Constant	38.35 [1.60]	37.19 [1.56]	40.94 [1.70]*
Year	控制	控制	控制
Industry	控制	控制	控制
Observation	288	288	288
F 值	1.93***	2.12***	1.77**
R-squared	0.13	0.14	0.12

注：[ ]表示该变量的 T 统计量。***，**，*分别表示1%，5%，10%的显著性水平。

综上所述，在分别引入三个交互变量后，在不同的创新能力作用下，跨行业并购、目标公司在并购前的盈利能力对并购溢价的影响与OLS回归结果保持一致，收购公司是高新技术企业对并购溢价的影响与 OLS 回归结果基本一致。从回归结果中还可以发现,目标公司的创新能力对跨行业并购、目标公司在并购前的盈利能力、收购公司是高新技术企业与并购溢价倍数的关系具有一定的调节作用。

2. *异方差检验*

表 11-10 是根据目标公司是否有专利分组后,对模型一的异方差检验。在该检验中,当目标企业没有专利时,相较于同行业并购,跨行业并购仍会对专利组的并购溢价产生负面影响;目标公司在并购前的盈利能力与并购溢价倍数不显著正相关;相较于非高新技术企业,收购公司是高新技术企业仍会对并购溢价有负面影响。而当目标公司有专利时,相较于同行业并购,跨行业并购仍会对专利组的并购溢价产生正面影响;目标公司在并购前的盈利能力与并购溢价倍数负相关,但不显著;相较于非高新技术企业,收购公司是高新技术企业仍会对并购溢价有负面影响,但不显著。

综上所述,根据异方差检验结果可以发现,无论是专利组还是非专利组,跨行业并购、目标公司在并购前的盈利能力、收购公司是高新技术企业对并购溢价倍数的影响与 OLS 回归结果基本保持一致。

表 11-10 稳健性检验——异方差检验

变量	Patent=1	Patent=0
目标公司特征		
Target Assets	−4.34 [−2.34]**	−2.91 [−1.23]
Target ROE	−1.79 [−1.44]	2.49 [0.62]
收购公司特征		
High-tech	−5.28 [−1.56]	−2.59 [−0.97]
Acquirer Assets	1.11 [0.25]	−1.51 [−0.61]
Cash Assets Ratio	−16.32 [−2.12]**	10.12 [1.50]
Debt to Assets Ratio	−9.68 [−2.02]**	−2.51 [−0.82]

（续表）

变量	Patent=1	Patent=0
Acquirer ROE	−12.02 [−1.46]	−4.04 [−0.36]
交易特征		
Cross Industry	5.58 [1.77]*	−3.24 [−1.05]
Constant	33.84 [1.00]	38.58 [1.38]
Year	控制	控制
Industry	控制	控制
Observation	110	178
R-squared	0.35	0.14

注：[ ]表示该变量的 T 统计量。***，**，*分别表示1%，5%，10%的显著性水平。

11.5 实证结论

我们分别通过OLS回归和稳健性检验来验证本篇的假设是否成立、判断回归结果的稳健性。回归结果表明：对于跨行业并购因素而言，当目标公司没有专利时，相较于同行业并购，跨行业并购会对并购溢价有负面影响；目标公司有专利时，相较于同行业并购，跨行业并购会对并购溢价有正面影响。对于目标公司并购前的盈利能力因素而言，当目标公司没有专利时，该因素与并购溢价呈正相关；当目标公司有专利时，该因素与并购溢价不会显著正相关。对于收购公司是高新技术企业因素而言，该因素与并购溢价无关；目标公司有专利时，相较于非高新技术企业，收购公司是高新技术企业会对并购溢价产生负面影响。这与前文假设是一致的。稳健性检验得到的结论与回归结论基本一致。

11.6 实证小结

根据前面的实证结果，本篇的研究结论如表11-11所列。

表 11-11　研究小结

假设	结论
H1-a：目标公司无专利时，相较于同行业并购，跨行业并购对并购溢价有负面影响	√
H1-b：目标公司有专利时，相较于同行业并购，跨行业并购对并购溢价有正面影响	√
H2-a：目标公司无专利时，目标公司并购前的盈利能力与并购溢价正相关	√
H2-b：目标公司有专利时，目标公司并购前的盈利能力与并购溢价不会显著正相关	√
H3-a：目标公司无专利时，收购公司是否是高新技术企业与并购溢价无关	√
H3-b：目标公司有专利时，相较于非高新技术企业，收购公司是高新技术企业对并购溢价有负面影响	√

第 12 章　研究结论与贡献

12.1　研究结论

基于前文所述的理论与实证研究可以发现，在不同的创新能力作用下，跨行业并购、目标公司在并购前的盈利能力、收购公司是高新技术企业对并购溢价的影响效果不同。

第一，在不控制企业的创新能力时，跨行业并购、目标公司并购前的盈利能力、收购公司是高新技术企业这三个因素都与并购溢价负相关，但不显著。

第二，在目标公司没有专利的条件下，相较于同行业并购，跨行业并购会对并购溢价产生负面影响，但不显著；目标公司在并购前的盈利能力与并购溢价倍数不显著正相关；相较于非高新技术企业，收购公司是高新技术企业会对并购溢价产生负面影响，但不显著。这说明一般情况下，随着目标公司在并购前的盈利能力的上升，并购溢价也会上升；而跨行业交易、收购公司是高新技术企业会对并购溢价产生一定的负面影响，但不显著。

第三，在目标公司拥有专利的条件下，相较于同行业并购，跨行业并购会对并购溢价产生显著的正面影响；目标公司在并购前的盈利能力与并购溢价倍数显著负相关；相较于非高新技术企业，收购公司是高新技术企业会对并购溢价产生显著的负面影响。由此说明在企业的创新能力作用下，当并购跨行业、目标公司在并购前的盈利能力下降，收购公司是非高新技术企业时，并购溢价会随之提升；当并购同行业、目标公司在并购前的盈利能力上升，收购公司是高新技术企业时，并购溢价会相应下降。

在研究中，我们发现目标公司的创新能力对并购溢价的形成具有调节作用：创新能力会影响跨行业并购、目标公司在并购前的盈利能力、收购公司是高新技术企业这些因素与并购溢价的关系。

12.2　研究贡献

本篇通过探讨企业的创新能力如何影响并购溢价，得到了企业的创新能力对并购溢价存在调节作用的结论。

在理论方面，本篇丰富了有关企业创新能力和并购溢价的理论研究。本篇以我国 2010—2014 年的并购事件为数据基础，以并购溢价的影响因素、企业的创新能力对并购的影响的既有研究为理论依据，以信息不对称理论、动机不对称理论与协同理论作为并购溢价的主要解释工具，进一步探讨了在不同的企业创新能力的影响下，跨行业并购、目标公司并购前的盈利能力、收购公司是高新技术企业这些因素对并购溢价的影响是否会发生变化。

在实践方面，本篇的研究成果也为企业的发展建设、专利及创新的管理体制提供了更明确的方向。对于目标公司而言，尤其是小企业可以通过研发更多的专利，增强自身的创新能力，从而通过专利提升自身的企业价值，在并购等活动中获得更高的溢价。对于收购公司而言，企业拥有专利可以增强企业的创新能力，降低并购中的信息不对称的程度，从而提升企业在并购中的谈判地位以及并购后的协同效应。此外，通过本篇的研究成果可以看到，创新能力对企业价值存在一定影响，所以需要完善与专利及创新相关的管理制度，促进创新成果的转化，让更多企业为创新驱动社会的建设添砖加瓦。

本篇参考文献

[1] ANTONIOU A，ARBOUR P，ZHAO H. How much is too much：are merger premiums too high? [J]. European Financial Management，2008，14(2)：268-287.

[2] 温日光.风险观念、并购溢价与并购完成率[J].金融研究，2015，(8)：191-206.

[3] MOELLER T. Let's make a deal! How shareholder control impacts merger payoffs[J]. Journal of Financial Economics，2005，76(1)：167-190.

[4] BARGERON L L，SCHLINGEMANN F P，STULZ R M，et al. Why do private acquirers pay so little compared to public acquirers? [J]. Journal of Financial Economics，2008，89(3)：375-390.

[5] ALEXANDRIDIS G，PETMEZAS D，TRAVLOS N G. Gains from mergers and acquisitions around the world：new evidence[J]. Financial Management，2010，39(4)：1671-1695.

[6] MUELLER D C. A theory of conglomerate mergers[J]. The Quarterly Journal of Economics，1969，83(4)：643-659.

[7] 李善民，周小春.公司特征、行业特征和并购战略类型的实证研究[J].管理世界，2007，(3)：130-137.

[8] 胥朝阳，黄晶.基于技术能力驱动的企业并购绩效实证研究[J].科研管理，2010，31(6)：19-27.

[9] RHODES-KROPF M，ROBINSON D T，VISWANATHAN S. Valuation waves and merger activity：The empirical evidence[J]. Journal of Financial Economics，2005，77(3)：561-603.

[10] HARFORD J. Takeover bids and target directors' incentives：the impact of a bid on directors' wealth and board seats[J]. Journal of Financial Economics，2003，69(1)：51-83.

[11] GRANSTRAND O，SJÖLANDER S. The acquisition of technology and small firms by large firms[J]. Journal of Economic Behavior & Organization，1990，13(3)：367-386.

[12] LEHTO E，LEHTORANTA O. How do innovations affect mergers and acquisitions：evidence from Finland? [J]. Journal of Industry，Competition and Trade，2006，6(1)：

5-25.

[13] BERNSTEIN S. Does going public affect innovation? [J]. Journal of Finance, 2015, 70(4):1364-1403.

[14] CORNAGGIA J, MAO Y, TIAN X, et al. Does banking competition affect innovation? [J]. Journal of Financial Economics, 2015, 115(1):189-209.

[15] SERU A. Firm boundaries matter: Evidence from conglomerates and R&D activity[J]. Journal of Financial Economics, 2014, 111(2):381-405.

[16] KOHERS N, KOHERS T. takeovers of technology firms: expectations vs. reality[J]. Financial Management, 2001, 30(3):35-54.

[17] DEMAN A P, DUYSTERS G. Collaboration and innovation: a review of the effects of mergers, acquisitions and alliances on innovation[J]. Technovation, 2005, 25(12): 1377-1387.

[18] 谢亚涛.企业并购的绩效分析[J].会计研究,2003,(12):52-53.

[19] PHILLIPS G M, ZHDANOV A. R&D and the incentives from merger and acquisition activity[J]. Review of Financial Studies, 2013, 26(1):34-78.

[20] BENA J, LI K. Corporate innovations and mergers and acquisitions[J]. Journal of Finance, 2014, 69(5):1923-1960.

[21] HIGGINS M J, RODRIGUEZ D. The outsourcing of R&D through acquisitions in the pharmaceutical industry[J]. Journal of Financial Economics, 2006, 80(2):351-383.

[22] 温成玉,刘志新.技术并购对高技术上市公司创新绩效的影响[J].科研管理,2011, 32(5):1-7.

[23] PARVINEN P, TIKKANEN H. Incentive asymmetries in the mergers and acquisitions process[J]. Journal of Management Studies, 2007, 44(5):759-787.

[24] BOEH K K. Contracting costs and information asymmetry reduction in cross-border M&A[J]. Journal of Management Studies, 2011, 48(3):568-590.

[25] DRAPER P, PAUDYAL K. Information asymmetry and bidders' gains[J]. Journal of Business Finance & Accounting, 2008, 35(3-4):376-405.

[26] BRADLEY M. Interfirm tender offers and the market for corporate control[J]. The Journal of Business, 1980, 53(4):345-376.

[27] VARAIYA N P. Determinants of premiums in acquisition transactions[J]. Managerial and Decision Economics, 1987, 8(3):175-184.

[28] WALKLING R A, EDMISTER R O. Determinants of tender offer premiums[J]. Financial Analysts Journal, 1985, 41(1):27-37.

[29] 冯根福,吴林江.我国上市公司并购绩效的实证研究[J].经济研究,2001,(1):54-61.

[30] SLUSKY A R, CAVES R E. Synergy, agency and the determinants of premia paid in mergers[J]. The Journal of Industrial Economics, 1991, 39(3):277-296.

[31] GUILLEMETTE M G, PARÉ G. Transformation of the information technology function in organizations: a case study in the manufacturing sector[J]. Canadian Journal of Administrative Sciences-Revue Canadienne Des Sciences De L Administration, 2012, 29(2):177-190.

[32] SONG M, MONTOYA-WEISS M M. The effect of perceived technological uncertainty on japanese new product development[J]. Academy of Management Journal, 2001, 44(1):61-80.

[33] GATIGNON H, XUEREB J M. Strategic orientation of the firm new product performance [J]. Journal of Marketing Research, 1997, 34(1):77-90.

[34] LANGERAK F, HULTINK E J, ROBBEN H S J. The impact of market orientation, product advantage, and launch proficiency on new product performance and organizational performance[J]. Journal of Product Innovation Management, 2004, 21(2):79-94.

[35] LI T, CALANTONE R J. The impact of market knowledge competence on new product advantage: conceptualization and empirical examination[J]. Journal of Marketing, 1998, 62(4):13-29.

[36] TEECE D J. Strategies for managing knowledge assets: the role of firm structure and industrial context[J]. Long Range Planning, 2000, 33(1):35-54.

[37] BARNEY J. Firm resources and sustained competitive advantage [J]. Journal of Management, 1991, 17(1):99-120.

[38] KOR Y Y, MAHONEY J T. Penrose's resource-based approach: the process and product of research creativity[J]. Journal of Management Studies, 2000, 37(1): 109-128.

[39] YANG S, KANG H H. Is synergy always good? Clarifying the effect of innovation capital and customer capital on firm performance in two contexts[J]. Technovation, 2008, 28(10):667-678.

[40] 杨青,王湛.新创企业投资价值评价指标体系和模型研究[J].科研管理,2008,29(6):145-152.

[41] TSAI K H, HUANG C T. Technology synergy, product characteristics, and new product performance: a meta-analytic review[J]. Canadian Journal of Administrative Sciences, 2012, 29(4):336-347.

第三篇

企业自主创新对经营活动的影响研究

企业家对公司的日常经营、战略选择和决策制定起着重要影响。企业家的创新能力会影响公司的业绩。本篇搜集了2011—2014年间创业板公司董事长参与研发的专利数据,并将专利细分为发明专利、实用新型专利和外观设计专利,实证检验了企业家参与专利研发是否能提升其任职公司的财务业绩。研究结果表明:企业家在发明专利上的创新能力会显著提升公司业绩,但其参与研发的实用新型专利量与公司业绩提升无关,其参与研发的外观设计专利量对公司业绩有显著负相关性。本篇的结论丰富了企业家创新能力的相关研究,对于企业家的创新实践有现实指导意义。同时,本篇关于创新质量的研究结果对现有专利审查制度的完善有一定的启发作用。

第13章 研究设想

13.1 研究问题

国内外有许多研究关注企业家的个人特征对企业创新活动的影响[1]以及企业家特征对于公司业绩的影响[2]，然而该领域的研究者忽略了企业家拥有的创新能力对于公司业绩的相关影响，这并不符合现实情况。在现实的商业环境中，管理者拥有不同的性别、年龄、教育背景、任期以及对于创新的态度等，他们的行为模式也存在较大的差异性，但明显的一点是这些个性化的因素会对公司业绩产生一定的影响[3]。然而，这些个性化的因素交杂在一起，反而无法明确地解释究竟是企业家的哪种因素在公司经营中起到关键性作用[4]。

观之目前国内外，那些拥有颠覆式创新意识和能力并且取得领先市场地位的企业中，大多都有一位具有创新意识或者本身便有极强创新能力的企业家，比如苹果公司的乔布斯，除了苹果公司的日常经营工作之外，乔布斯在公司的众多产品开发过程中扮演了重要角色，从 Macintosh 电脑到 iPod，iPhone 和 iPad 的苹果专利组合中，一共有 313 项将乔布斯列为"主要发明人"和"共同发明人"，其中乔布斯作为"首席发明人"的专利就有 33 项。在 iPhone 尚未面世的 2004 年，美国的商业周刊认为苹果公司的前 CEO 乔布斯有着"不可替代的超前创新意识和强大的创新行动力"[5]，将他评为 75 年来最伟大的创新企业家。因为产品创新和对消费者需求的精准把握，在乔布斯的带领下，苹果公司成为 20 世纪以来伟大的科技公司[6]。类似苹果公司的这些企业在各自的领域均取得了极大的商业成功，并且推动着人类社会科技的不断进步，其企业家的创新意识和能力在其中起到关键作用。所以，对于企业家创新能力和公司业绩的研究不仅在理论和实证研究方面都存在可供研究的空间，并且对于企业管理也具有一定的现实意义。因此，本篇将在前人研究的基础上，对于企业家的创新能力是否能够提升公司业绩做进一步的研究。

13.2 研究背景

随着愈发激烈的市场竞争和频繁的产品更新，以及加速的技术突破和全球经济一体化进程的加快，现代企业想要在全球化背景下拥有竞争优势，就要相应地具备快速反应的战略应对能力，为了应对全球经济一体化的压力，创新就成为企业的必然选择[7]。R. Leifer 和 G. C. O'Connoer[8]在研究中指出，现在的竞争情况往往是被技术革新、全球化、高度密集的竞争、价格、质量以及顾客满意度为关注导向所驱动的，这便凸显出创新在公司竞争中的重要作用。然而，企业创新活动在不同的企业间存在很大的差异，而企业创新活动作为公司战略中的重要组成部分，其启动与推动决策势必由公司最高管理者来作出，即企业家[9]。

中国已进入经济转型期，这给企业持续发展和企业家素质带来新的机遇和挑战，而我国经济发展方式转变的一个重要内容是转向创新驱动的经济增长[10]。创新对于企业的存续和发展起着至关重要的作用，因此企业家在提升公司创新方面占据着重要的主导地位，而企业家如何影响企业的创新产出却是一个黑箱问题[4]。在现代公司结构中，企业是经济转型的微观基础，企业家是推动经济转型的中坚力量，由此确立了企业在创新活动中的主体地位，以及在企业创新过程中，企业家的创新意识或者创新能力对于公司财务业绩的影响。

本篇通过研究企业家创新能力与公司业绩之间的关系，一方面弥补国内外研究在企业家创新能力和公司业绩相关性方面的空白，丰富了企业家创新的相关理论；另一方面，本篇的结论可以为实践提供参考依据，管理层可以检验创新制度是否有效，企业家也可以通过自己的创新能力，更有针对性地改善和提升公司业绩。

13.3 研究方法

13.3.1 案例研究

企业的竞争归根到底是企业家的竞争。本篇研究将搜集历史上重大的创新事件，总结企业家在科技创新成果的研发和转化过程中扮演的角色。利用对比分析法，对著名企业、企业家的创新案例进行对比分析，从中提炼出企业家创新能力对于企业的贡献与得失，总结企业家创新能力对于企业经营活动的支撑作用。

13.3.2 文献研究

首先，通过阅读文献，能够把握国内外在相关领域的前沿研究，掌握相关领域的基础理论，如：高层阶梯理论、动机不对称理论和创新理论等，在理论积累的基础上思考相关研究假设，为实证研究打好基础。其次，在前人研究的基础上，研究企业家特质的组成，以及企业家特质在公司经营中所起的作用，使用企业家参与研发的专利量作为企业家创新能力的衡量标准，通过学习高层阶梯理论、动机不对称理论和创新理论，思考并提出研究假设，深入研究企业家创新能力如何影响公司业绩这一问题。最后，引入国内外同类型研究中成熟的、被广泛认同的回归分析模型，作为实证研究的参考。

13.3.3 实证研究

本篇的实证研究将利用网络爬虫技术，对我国上市公司（以创业板为主）的专利数据进行采集，并将国泰安 CSMAR 数据库和万德（WIND）数据库中的企业高管信息进行匹配，刻画企业家的创新能力。利用国泰安 CSMAR 数据库和万德（WIND）数据库获得相关财务数据，利用 EXCEL，SAS，SQL-Server 软件对数据进行清洗、整合等处理工作。设计相关的计量经济模型，并运用 STATA 等统计软件对其进行多元回归分析，并得到相应的实证结果。本篇研究的关键在于借助网络爬虫技术获取细致的专利数据，通过匹配发明人的信息，从而刻画企业家的创新才能。

在前人的研究中，常见的研究方式是利用调查问卷、案例研究来收集信息。对于通过调查问卷方式来收集数据信息的，可以通过近距离接触企业家来获取与研究主题高度相关的第一手数据。但调查问卷在收集大样本、长期性数据方面存在困难，同时，调查者在填写问卷内容上存在随意性等问题，这会导致问卷结果与预期结果存在差异，而且调查者由于自身人脉的限制，无法与大量的高层管理者建立联系。因此，通过调查问卷获取数据来进行研究，有时效果并不理想[11]。而二手数据的优点在于样本量大，可以全面观察数据的长时效应，研究效果比较好。基于此原因，本篇利用来自数据库的二手数据进行研究。

13.4 本篇结构

本篇将由四部分构成：

第 13 章是研究设想，主要阐述本篇的具体研究问题、研究意义、研究方法和本篇结构。

第 14 章是案例分析，梳理了企业家参与创新的历史，对比分析了著名企业家参与创新对于公司业绩的贡献和得失，为研究提供依据。

第 15 章是文献综述，回顾并梳理国内外有关并购溢价的影响因素、企业创新能力对并购的影响的研究成果。

第 16 章是在现有的理论基础上提出研究假设。

第 17 章是实证研究，说明数据来源，解释样本选择，论证模型设置，以及进行实证分析。搜集相关并购数据进行实证研究，验证假设并分析实证结果。

第 18 章是结论与贡献。总结本篇的研究结论及其研究贡献，以及对未来的展望。

第14章　案例研究

14.1　科技创新需要企业家

历史上不乏出现一些极具创新能力的科学家，成功地把自己的实验成果商业化，充分发挥实验成果的潜在价值，将样品成功变成商品，在获取利益的同时，也惠及消费者。例如爱迪生一生的发明创造约有2 000项，众所周知的有普用印刷机、蜡纸、油印机、留声机、电灯、电影、水底潜望镜等，每一次科技成果的转化都极大地造福了人类。无独有偶，任何发明想要更好地为人类服务都需要将理论或数据付诸实践，这就要求科学家要实现企业家身份的转化。诺贝尔除了致力于发明创造外，也为创办自己的企业耗费了很多心血。例如硝化甘油炸药研制成功后，诺贝尔立刻组织了路演，游走于企业家之间，并取得了他们的信任。他联系了有远见的实业家共同创办了世界第一个生产硝化甘油的公司，并且亲自担任公司经理，还负责工程技术、公关、广告和财务工作。19世纪80年代，诺贝尔的公司已经发展成为全球性的企业，百余家工厂和分公司分布在英、美、法、德、意、瑞等二十多个国家，由此可以看出，诺贝尔不仅是一个科学家，更是一个组织能力非凡的企业家。维尔纳·冯·西门子是当今知名企业西门子的创始人，他一生中最大的成就就是发现了发电机的原理，并发明了发电机，成为发电机应用领域的第一人。贝尔不仅发明了电话，还为推广电话成立了公司，使得电话网得以迅速发展。

14.2　企业竞争亦是企业家的竞争——苹果与诺基亚的对比分析

进而观之目前国内外，那些拥有颠覆式创新意识和能力并且取得领先市场地位的企业中，大多都有一位具有创新意识或者本身便有极强创新能力的企业家，比如苹果公司的乔布斯，除了苹果公司的日常经营工作之外，乔布斯在公司的众多产品研发过程中扮演了重要角色，从 Macintosh 电脑到 iPod，iPhone 和 iPad 的苹果专利组合中，共有 313 项将乔布斯列为“主要发明人”和“共同发明人”，其中乔布斯作为“首席发明人”的专利有 33 项。在 iPhone 尚未面世的 2004 年，美国的商业周刊就认为苹果公司的前 CEO 乔布斯有着“不可替代的超前创新意识和强大的创新行动力”[5]，并将他评为 75 年来最伟大的创新企业家。因为产品创新和对消费者需求的精准把握，在乔布斯的带领下，苹果公司成为 20 世纪以来伟大的科技公司[6]。类似苹果公司的这些企业在各自的领域取得了极大的商业成功，并且推动了人类社会科技的不断进步，其企业家的创新意识和能力在其中起到关键作用。所以，对于企业家创新能力和公司业绩的研究不仅在理论和实证研究方面都存在可供进一步研究的空间，并且对于企业管理也具有一定的现实意义。因此，在前人的研究基础上，本篇主要研究企业家的创新能力是否能够提升公司业绩。假设那些长期任职的企业家参与研发的专利数量与公司业绩之间存在相关关系，本章研究将通过回顾诺基亚手机和苹果手机的发展历程，对比分析两家公司企业家创新能力和企业绩效的关系。

对于任意一家扎根于高科技产业聚集地硅谷的企业，创新如逆水行舟不进则退，然而乔布斯和他创立的苹果帝国就像这篇创新海域中的航母，在创新的大海中奋勇向前，引领潮流导向。苹果的今天离不开这艘航母卓越的舰长——乔布斯。毫不夸张地说，他赋予了苹果帝国持续的创新能力。众所周知，几年前的手机行业是诺基亚的天下，巅峰时期的诺基亚占据了手机行业的半壁江山，是当时手机行业的龙头老大。然而，苹果手机异军突起，势如破竹般地抢占了诺基亚的江山，其世界级的创新以迅雷不及掩耳之势颠覆了人们对手机的传统认识，开启了手机行业以人为本、用户体验至上的新时代。世界上著名的三个苹果，第一个是夏娃代表人类好奇心和逆反心态摘下的苹果，第二个是牛顿看到的从树上落下来的苹果，开启了物理探索的新道路，第三个就是乔布斯那个被咬过一口的“苹果”，引领了智能手机的新时代。乔布斯曾说过：“活着就是为了改变世界。”他创造的神话不可复制，但是他作为企业家拥有的创新精神却是可以被分析总结的。反之，回顾被侵蚀的诺基亚帝国的兴衰史，一个具有一百余年历史的企业如何在短短几年时间内迅速衰败，这是一个值得深思的问题。

诺基亚给人最深的印象莫过于其曾经在手机市场上独领风骚的辉煌历史。2000 年左右移动电话刚刚开始兴起，诺基亚凭借其强大的研发团队，在当时大哥大的时代，率先研发出便携式小型电池板，进而推出世界上第一款直板机型，以其轻巧便携的外观和毫不逊色的通话性能，迅速占领手机市场。然而，诺基亚并不止步于此，它针对当时三星、摩托罗拉等公司笨拙的操作系统，开发出了简单、易操作的塞班操作系统，集成了网络、无线文字、PIM、网页浏览、电子邮件等功能，支持JAVA，并能够运行小型第三方软件。

2007年第四季度，诺亚基在全球市场占有率超过40%，牢牢占据了榜首的位置。不过，也是在同一年，苹果公司推出了第一款全触屏智能手机iPhone。当时，诺基亚CEO奥利拉召集12名高管谈话讨论iPhone是否会给诺基亚带来威胁，不过，这次谈话也没能让诺基亚扭转研发方向。正如奥利拉在书中反思的那样："我们都知道问题所在，但内心深处却无法正视现实。公司大型计划仍持续进行，当我们应该关注长远前景时，却只检讨了下一季度的销售预测。"尽管他已经认识到诺基亚手机需要开发出一个比当时塞班系统更优越的系统，但出身政治与经济管理专业的奥利拉缺乏足够的创新精神和科研能力，他不知道如何应对这种技术的变革，只是在开发新的技术平台上进行投资，未关注其研发方向的转变问题也未亲自参与研发，而是一味地强调业绩和下一季度的目标，从而导致诺基亚在智能手机软件和系统开发等方面没有做好充足的准备，为日后苹果公司的反超埋下了一枚定时炸弹。

2011年第二季度，诺基亚在中国市场占有率迅速下滑。与此同时，苹果公司却完成了对传统手机霸主诺基亚的历史性超越。反观苹果手机的兴起，乔布斯个人的创新精神与能力使苹果公司成为追随者争相效仿的对象。

2007年1月，乔布斯一手打造了iPhone，从外观设计到软件系统，乔布斯参与了每个细节的讨论，最终打造出了最完美的iPhone。重新定义的智能手机惊艳了世界，带来了多项革命性的理念，iPhone革命性地摒弃了传统的按键操作，突破性地使用了全屏幕多点触控，放弃了传统的物理键盘，完全区别于以诺基亚为代表的手机，更摆脱了当时所谓"智能机"的触摸笔，改变了人与手机的交流方式，更颠覆了人们对智能手机的认知。另外，在别的公司争相效仿苹果手机的同时，乔布斯创新提出了App store应用商店。这是苹果史无前例的伟大创举。据各大科技公司提供的关于苹果App store的介绍，说这是促使今天应用经济存在的真正鼻祖。除了技术上的创新，乔布斯还关注手机的美学设计，将产品与美相结合，乔布斯最后参与设计的iPhone 4不仅是一款富有科技含量的手机，还是一件充满几何之美的艺术品，是科技、美学与极客精神相结合的产物。

乔布斯离世后，很多人都说乔布斯之后再无苹果，iPhone的新品发布会再无令人激动的创新可言。这在一定程度上说明了乔布斯的创新精神和创新能力成就了苹果手机。苹果公司发展趋势图如图 14-1 所示。

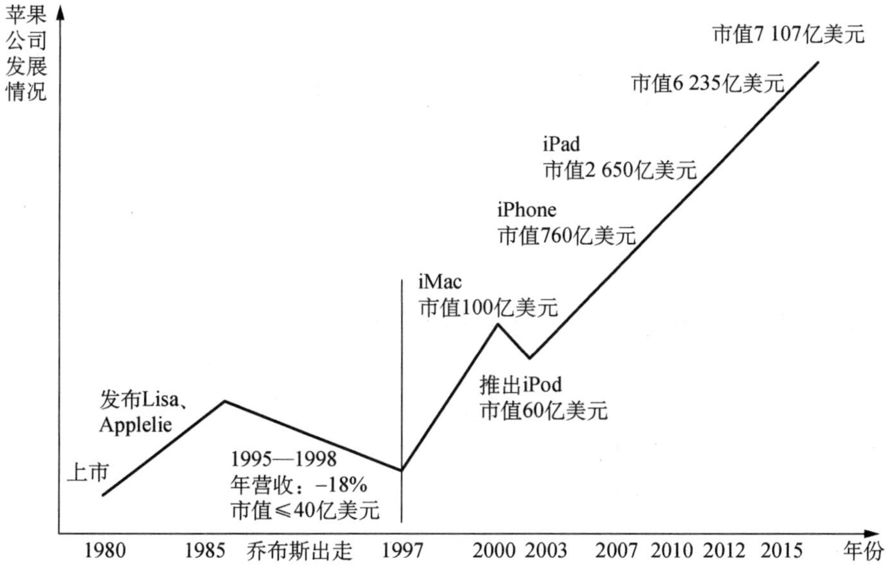

图 14-1　苹果公司发展趋势图

第15章 文献综述

15.1 企业家特质对公司业绩的影响

R. Adams，H. Almeida 和 D. Ferreira[12]通过收集福布斯杂志 1998 年发表的 336 家上市公司 CEO 信息和企业财务数据，研究强势的 CEO 如何通过自身特质影响公司业绩，当 CEO 为公司创始者时，这种特征更为明显。该研究将 ROA(Return On Assets，资产收益率)和 Tobin'Q 作为公司业绩的衡量标准，并且将股票回报变动率与 CEO 特质联系在一起，研究发现强势的 CEO 能够有效地影响公司业绩，而且没有证据表明强势的 CEO 会让公司业绩恶化。同时，研究认为 CEO 在管理方面的强势能够更积极地影响公司的决策制定和公司财务表现。

S. Nadkarni 和 D. Herrmann[7]对 427 位印度股票市场的中小型企业 CEO 信息进行收集，研究以战略变通能力为中介条件下 CEO 特质与公司业绩之间的相关性。研究表明，为了适应日趋密集且激烈的竞争和技术革新，企业需要通过创新和不断学习来提高其战略灵活性，从而能够及时回应多变的竞争环境并且提高公司业绩；在对公司 CEO 性格进行五因素分析的过程中发现，拥有"经验开放性"这一性格特质的 CEO 会对外部世界保持好奇心并产生创造某物的想法，由此会对现有事务带来颠覆式创新，这样的性格特质有助于灵活性地提升公司战略，进而促进公司业绩的提升。

R. S. Peterson 和 B. Smith 等[13]通过采集、追踪和观察 17 位 CEO 在 1978—2003 年间的档案信息和其高管团队的变化信息，对 CEO 的企业家特征与公司业绩间的相关性进行了研究，结果表明 CEO 对公司战略选择和公司业绩的提升有着深远影响。

S. J. Peterson，F. O. Walumbwa 和 K. Byron 等[14]对美国 121 家科技企业的 CEO 信息和企业财务数据进行搜集处理，从中研究企业家性格特征以及其变革型领导力与公司业绩间的相关性，并进行了实证研究。结果表明那些积极乐观的企业家的变革型领导力更强，对公司业绩有着积极的正相关影响。

Y. Berson, S. Oreg 和 T. Dvir[1]通过对 26 位 CEO 和 71 位副总裁等公司高级管理者进行问卷调查，研究企业家特质中的价值观和认知对组织文化的影响，以及这种影响与公司业绩间的相关性。研究表明，企业家自我导向的价值观念有利于形成组织创新文化，这种文化因素会显著提高组织效率，提升公司业绩。

15.2 企业创新对公司业绩的影响

S. Yang 和 H. H. Kang[6]选择 1999—2004 年中国台湾的 312 家高科技制造业上市公司和 204 家非高科技制造业公司作为样本，研究比较高科技制造业公司与非高科技制造业公司在战略调整和研发投入上的不同，并探讨高科技制造公司的创新能力与公司业绩间的相关性，实证结果表明高科技制造公司在研发资本结构上优于非高科技制造业公司，并且其公司创新与公司业绩之间会有显著的正向相关关系。

J. A. Aragón-Correa 和 E. Cordón-Pozo[15]随机抽取邓白氏数据库中 2001 年5 000 家西班牙企业，经过筛选后得到 900 条样本数据，对领导力和组织学习在企业创新中的角色关系以及公司创新与业绩之间的关系进行了实证研究。结果表明，企业家的领导力对组织学习有着显著正相关性，并间接影响公司创新，而公司创新对于公司业绩有着显著的正相关关系。

H. Saito, T. Nakazato, N. Ishii 等[16]通过对 232 家公司管理者发放问卷，调查其组织认同度、决策自主性和信任感，并提出假设：管理者拥有的这些特质可以转化为公司的创新能力，进而对公司业绩有影响。研究结果表明，公司创新对业绩提升有着显著的正相关性，并且当管理者拥有这三种特质时，公司创新对业绩的提升作用更大。

K. H. Tsai 和 S. Y. Yang[17]在 2009—2010 年间对中国台湾 5 000 家上市公司发放问卷调查，将最终收到的 452 份有效答卷的信息作为样本数据，研究在变动环境中公司创新对于公司业绩的条件价值。结果显示，技术波动对公司创新能起到积极的促进作用，从而提升公司业绩。因此，研究者建议企业管理者需要在技术波动的环境下培养公司创新能力去帮助公司维持竞争优势。

M. Makri, P. J. Lane 和 L. R. Gomez-Mejia[18]搜集了 206 家在美国上市的

公司的 CEO 薪酬信息、股权结构、年报披露的财务信息，并以此作为样本数据，通过 CHI Research Inc.知识产权咨询公司提供的有关这些样本公司在 1992—1995 年间所授权的专利数量作为专利信息的特征描述，也作为公司科技成果方面的表示，研究技术密集行业内 CEO 激励、公司创新与财务业绩之间的关系。结果表明公司创新有利于维持公司的竞争优势，对业绩提升有显著相关性，对 CEO 的激励与公司创新产出间存在微弱的相关性。

J. Cornaggia，Y. Mao 和 X. Tian 等[19]选取 1976—2006 年间美股上市公司以及一些私人企业数据作为样本公司，研究解除银行州际之间设立分支的限制后，银行竞争是否会影响公司创新。研究者选取登记在美国经济研究局数据库中的年度专利数量和专利被引用的信息作为样本研究对象，并选择专利被引用量作为衡量公司创新的代理变量，为了更好地评估专利质量以及对于公司创新的影响，作者对第一年提交的专利申请做加权平均处理，并使用在之后年度被引用的专利数量作为修正。实证研究以及稳健性测试均表明，专利数量以及专利被引用次数可以被用来衡量创新行为。

国外学者在研究企业创新能力的过程中，往往以企业拥有的专利数量作为衡量标准，这对于本篇研究刻画企业家创新能力方面有一定的借鉴作用。

15.3 文献评述

国内外研究企业家才能的文献较多，其中国外文献主要集中在高阶理论对于企业家才能(CEO 特质)的解释，强调突出企业家特质对于组织行为的影响，并以此为基础来衡量企业家特质对企业财务业绩的影响。国内外许多研究主要偏重两个方面，一个是企业家特质如何对公司业绩产生影响，另一个是企业创新活动如何对企业财务业绩产生影响。经过学术界长期的研究积累，国内外研究在企业家特征对公司业绩产生影响、企业创新对公司业绩的相关性影响等领域都取得了一定的成果。尽管这些研究并未具体讨论企业家创新能力对于公司业绩提升的影响，但前人留下的研究成果为之后该领域的探索提供了充足的支持。本篇对于企业家创新能力对公司业绩提升的研究将着重突出、细致刻画并解读企业家创新能力是否影响公司业绩，以及如何影响等一系列问题。

第 16 章　理论基础与研究假设

16.1　理论基础

自 20 世纪 80 年代以来，国外学者已经开始了企业家个人特质对于公司经营影响的相关研究。在我国，随着改革开放进程的加快，西方的现代企业制度被逐步引入企业管理中，企业家的个人特质和企业家才能对于公司经营产出的影响在我国学术界也逐渐受到关注。总体来说，国内外学者在企业家特质与公司业绩方面的研究主要基于高层阶梯理论和动机不对称理论。

16.1.1　企业家与高层阶梯理论

企业家（或潜在企业家）是一个不断发现、创造并利用市场非均衡带来的创新机会的群体[20]。在经济学理性人假设下，企业家的目标是实现公司价值最大化。在管理学中，企业家作为公司的高层管理团队，参与公司的战略制定，把握公司的发展方向。在国外的文献研究中，企业家的代表是 CEO，国外企业中的 CEO 在公司管理中拥有最高行政权力，但在中国，董事长或者主席拥有比 CEO 更高的权力，因此中国企业家的典型代表是董事长。M. Firth, P. M. Y. Fung 和 O. M. Rui[21]在其研究公司治理和企业业绩的文章中提出，处于经济转型变革期的中国引入西方现代企业制度和公司治理结构，但由于特殊国情和监管制度等因素的影响，例如国有企业的公司结构，造成中外高管的结构组成不同。研究表明，在中国的企业中，董事长在公司内是最高级别的行政人员，地位高于外企的 CEO，并且承担企业 CEO 的一切职责。故在中国现有数据中，对于董事长的数据收集是最全面且可以用于理论研究的。

Hambrick 和 Mason 在 1984 年提出了高层阶梯理论（图 16-1），认为在企业家“有限理性 ”的前提下，企业的战略选择和企业绩效受企业家的背景特征影响，企业家本身的价值观和认知基础对公司决策过程有关键性影响，企业家拥有的才能和特质会对公司的战略发展起到重要的影响。D. C. Hambrick[22]对于高阶理论进行了更新,并提出了一些新的设想,他提出了两个新的调节变量,即管理自主裁定权和高管工作需求。如果管理自主裁定权大,那么高管特征将显著作用于组织的战略和绩效;如果管理自主裁定权小,那么高管特征对于组织的战略和绩效的作用将不明显。强势的企业家对于战略政策制定的决策权更强,同时在组织内部拥有较高的资源配置能力,拥有较强的管理自主裁定权,并且拥有创新能力的企业家会制定出更多有利于发挥创新的战略政策。

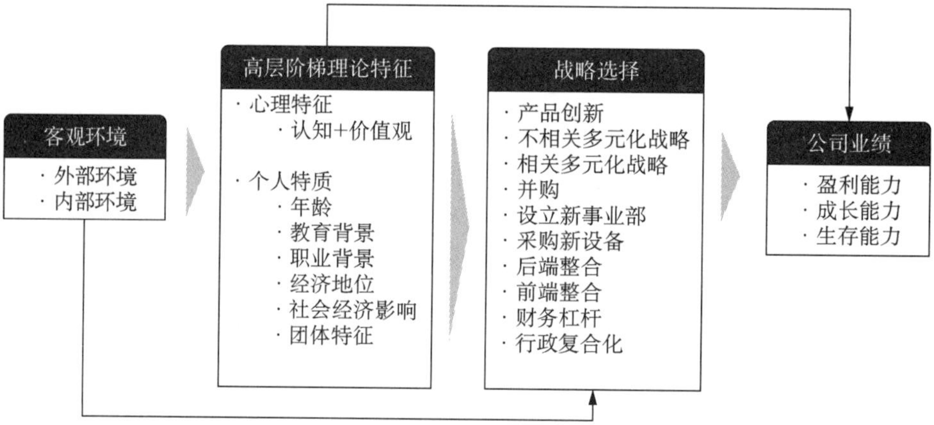

图 16-1　Hambrick & Mason's(1984)关于高阶理论的模型

16.1.2　动机不对称理论

P. Parvinen 和 H. Tikkanen[23]将动机不对称理论定义为:两个不同群体在某一行为或者相关经济产出上因动机不一样而产生的利益冲突,由此产生的代理成本不会完全消除,因此动机不对称往往带来消极结果。而由动机不对称带来的消极结果有着有限理性、信息不对称、机会主义行为、道德风险和逆向选择等特性,它们之间相互作用,引起代理问题,代理成本会显著增加,从而影响公司经营活动和交易活动,对于公司业绩有一定影响[24]。

有限理性认为人的理性是处于完全理性和完全非理性之间的一种有限理性,企业家追求理性但又不是最大限度地追求理性,企业家只要求有限理性,他们在对经济因素进行处理的过程中按照他们的认知和价值观去最大化经济效用。有限理性会导致信息不对称,产生代理问题。信息不对称是指在市场经济环境中的利益相关者对于交易活动和群体动机了解的信息是不对称的。由于利益相关者拥有的信息不对称,因而会隐瞒对方做出一些隐藏行为,这样的行为一般会产生消极后果[24]。

经济学家 O. E. Williamson[27]认为机会主义行为是人们在经济活动中总是尽最大能力保护和增加自己利益的行为。人在经济活动中会追求自身效用最大化,满足自身需求,于是当人在动机不对称环境中发现对自己有利的条件时,就会采取机会主义行为,从而与组织总体目标相悖,造成资源浪费和效率低下[28]。道德风险是从事经济活动的人在最大限度地增进自身效用的同时做出不利于他人的行动,当利益群体不用承担风险后果时,他们所采取的自身效用最大化的自私行为,做出投机举动,因此产生的动机不对称问题对公司管理层处理重大决策时会起到消极影响[23]。逆向选择是代理问题中的一种典型行为,比如在市场交易中劣质商品由于信息不对称而进入市场,进而造成市场上产品整体质量下降。逆向选择带来的后果是消极的,由于动机不对称问题的存在,某一利益群体出于对自身效用最大化的目的会采取逆向选择来影响公司运营[24]。

16.2　研究假设

企业家创新能力如何影响公司业绩一直是学术界和社会重点关注的问题,人们对这一问题从初次提出到深入研究经历了一个螺旋上升的过程。从 20 世纪 90 年代起至 21 世纪初,随着经济技术的爆炸性发展和客户需求的不断变化,作为市场经济主体的企业需要通过不断创新来维持竞争优势[7]。有创新视野的公司拥有以市场为导向的战略灵活性,通过开发满足市场需求的新产品,一方面增加公司的市场竞争力,另一方面也可以提升公司业绩[29]。许多学者认为企业创新对于公司业绩起着关键性作用[18]。因此,企业创新对于公司业绩提升有正向相关作用。本篇将以董事长作为中国企业家的典型代表,并将董事长作为主要研究对象。

尽管企业创新是组织层面上的行为,但组织是由个体组成的,企业创新活动也是由企业内的个体负责并推动的。在企业内部存在普通研发人员创新与企业家创新两种行为。这两种创新在本质上存在差异,具体表现为:资源差异、能力差异和动机差异。

1. *资源差异*

企业家作为企业中的最高领导者,在组织内部拥有集中的权力和调配资源的能力,他们设置着公司未来的走向[3]。高层阶梯理论认为由于战略决策的复杂性和企业家的有限理性，企业家往往根据其认知和价值观进行战略选择，做出决策，因此公司经营成果成为他们的特质的反映[30]。企业家对于公司战略政策的制定起到关键性的主导作用。强势的企业家对于公司战略政策的制定更为强势，同时在组织内部拥有较高的资源配置能力[2]。根据高层阶梯理论，企业的战略选择和企业绩效受高管团队的背景特征影响，2007 年，D. C. Hambrick 对于高阶理论进行了更新，并提出了一些新的设想，他提出了两个新的调节变量，即管理自主裁定权和高管工作需求。如果管理自主裁定权大，那么高管特征将显著作用于组织的战略和绩效；如果管理自主裁定权小，那么高管特征对于组织的战略和绩效的作用将不明显[22]。在资源基础理论（Resource-based Theory，RBT）中，认为资源配置在公司创新管理中是非常重要的[31]。企业家通过创新能力进行新产品的开发创造，再利用企业内的资源，比如市场营销手段进行市场推广，其最终目的是将创新成果价值化，即专利市场化，从而获得创新利润。研发人员因为自身在企业中地位的局限性，相较企业家而言，其拥有的资源很有限，也无法投入大量资源在专利市场化上。基于此，我们认为企业家在创新活动中会利用自身的资源去推动专利市场化，得到预期市场回报，所以企业家创新相较普通研发人员创新对公司业绩有正向影响。

2. 能力差异

在当今新常态经济环境下，企业家拥有变革型领导力，此领导力中包含着企业家个人能力、变革的魄力和全局视野等独有的企业家能力，企业家拥有的领导力和素质对于公司创新有着正向的相关关系，同时企业家对于创新的推动力会对公司业绩提升有着积极影响[32]。企业家在创新活动中拥有更高的管理视野，拥有更高视野的企业家与公司业绩之间有显著正向相关性[5]。大部分的普通研发人员缺乏这种全局观察力和领导力，因而这些能力也无法在研发人员的创新活动中体现，而创新活动需要创新者对市场、对产品具有独特的观察力和敏感性，而有变革领导力的企业家在进行创新时具备这种独特的能力，因而企业家创新能够带来更高的价值，专利市场化过程也会更加顺利。

3. 动机差异

根据经济学“理性人”假设，企业家的经济行为是趋利的，其目标是实现企业价值最大化，因此企业家创新的动机是将创新结果，即专利市场化并且能带来价值，通过把握市场不均衡带来的创新机会，获得创新利润[33]。而普通研发人员创新的动机往往与其个人追求、学术要求或 KPI 考评等有关，比如一些研发人员出于个人兴趣进行创新，有些研发人员则是为了追求更高的学术成果，而有些研发人员是为了满足公司对个人的绩效考评而进行创新活动。由于利益群体对于自身效用的追求不同,会带来机会主义行为。这就意味着,研发人员在进行创新活动时,不会以专利市场化为导向,也不会以公司价值最大化作为研发目标。因此,研发人员的创新动机与企业家的创新动机有着本质的不同。这便产生了动机不对称问题,即两个不同群体在某一行为或者相关经济产出上因动机不一样而产生的利益冲突。而由此产生的代理成本不会完全消除,研发人员在创新过程中会出现代理成本问题,即研发人员在创新活动中消耗包括资金、人力等大量资源,但专利在市场化过程中产出有限,代理成本增加,而动机不对称往往带来消极结果[23]。企业家在进行创新活动时,是根据自己对市场不均衡带来的创新机会的把握以及对市场需求的定位,同时企业家的最终目的是实现专利市场化,提升公司价值,这与企业家进行创新活动的动机一致。因此,企业家创新有利于缓解代理问题。

因此,本篇提出以下假设,当其他变量得到控制时,企业家的创新能力对于公司业绩有正相关的影响。我们将企业家参与研发的技术创新成果作为企业家创新能力的代理变量。

具体来看,专利数是技术创新成果最一般的衡量方式[34],所以,本篇使用企业家参与研发的专利数来具体刻画企业家的创新能力,进而提出假设 H1。

假设 H1:企业家参与研发的专利数量对公司业绩存在正相关关系。

因为我国的专利可以分为三类:发明专利、实用新型专利和外观设计专利。这三类专利在功能定义上各有不同。在我国,“发明”是指对产品、方法或者其改进所提出的新技术方案;“实用新型”是指对产品的形状、构造或其结合所提出的适于实用的新技术方案;“外观设计”则是指对产品的形状、图案、色彩或者其结合所提出的富有美感并适于工业上应用的新设计。

简而言之,发明专利在创造性程度上高于实用新型专利和外观设计专利。在专利审查过程中实行先公开、后审查的步骤,通过严格且长期的审查,保证专利在各方面符合国家标准后才有可能获得授权。实用新型专利和外观设计专利包含的创造性因素较少,实用新型专利是对技术性和功能性上进行改良,外观设计专利主要着重表现通过设计使产品具有美感和适用性,而且实用新型专利和外观设计专利的审查标准简单,专利授权过程快。我们可以认为,参与发明专利的研发需要更高的创新能力支持。因此,本篇研究进一步对于企业家拥有的专利数量进行类别划分并提出细分假设:

假设 H2:企业家参与研发的三项专利(发明专利、实用新型专利、外观设计

专利)拥有量都与公司业绩存在相关关系。

H2-a 企业家参与研发并得到授权的发明专利数量与公司业绩存在正相关关系。

H2-b 企业家参与研发的实用新型专利数量与公司业绩存在正相关关系。

H2-c 企业家参与研发的外观设计专利数量与公司业绩存在正相关关系。

第 17 章　实 证 研 究

17.1　数据来源与处理

本章使用中国创业板上市公司作为样本公司。样本数据主要由两部分组成，一部分是通过对中国知识产权数据库进行网络爬虫得到样本公司的专利信息，另一部分是样本公司的董事长信息和财务数据，来自万德（WIND）数据库。

对于专利数据的处理主要采取以下步骤：首先，利用网络爬虫程序，将样本公司名称作为关键字对中国知识产权局数据库进行数据采集，得到样本公司拥有的专利名称、公开号、公开日期、发明人、申请人等详细信息；其次，对各专利的发明人按排名次序进行拆分，得到样本公司各专利的作者信息等，用于下一阶段与公司数据的匹配。

对于董事长信息和公司财务数据的筛选，先选择 2011—2014 年创业板上市公司作为初始数据，再按如下标准筛选与选择样本：①以 2011—2014 年间董事长是否连任作为标准，剔除该期间董事长未连任的公司，因为要观察董事长参与研发专利对于公司业绩的影响，如果出现董事长离任，其拥有的资源、能力和动机会出现变化，则无法观察董事长参与研发的专利对公司业绩的影响；②收集 2011—2014 年间董事长连任公司的财务数据，剔除财务数据不全的公司。

然后，对样本公司的专利信息和董事长数据进行匹配。将样本公司专利数据和样本公司 2011—2014 年的董事长数据以专利信息中作者名与董事长名称为条件进行匹配，得出 475 位董事长参与研发专利的结果，在董事长参与研发的专利信息中，将专利公开号的特征代码作为标准将董事长参与研发的专利细分为发明专利、实用新型专利和外观设计专利，最终共获得 1 900 条样本数据。

实证研究的数据处理流程如图 17-1 所示。

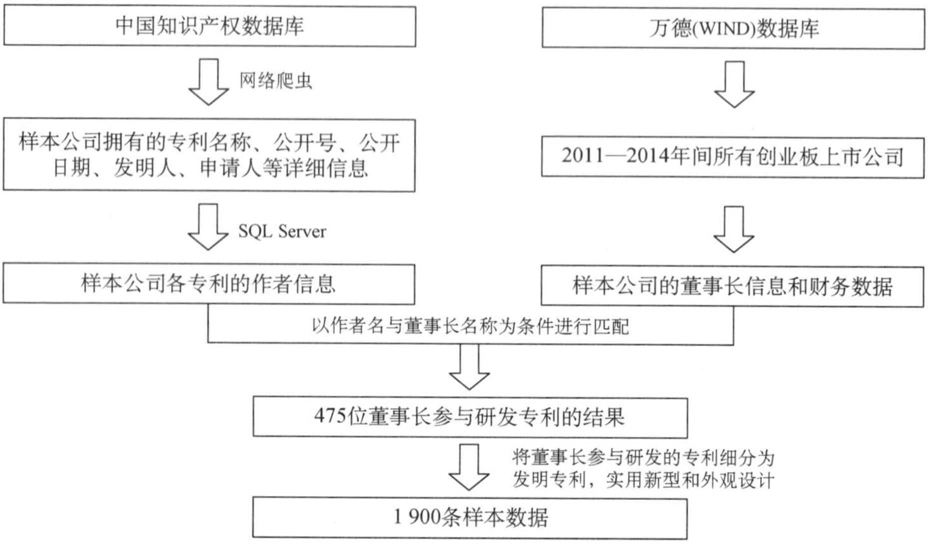

图 17-1　数据处理流程

17.2　模型设置

17.2.1　模型设计

借鉴 R. Adams，H. Almeida 和 D. Ferreira[12]对公司业绩的实证研究，对企业家创新能力与公司业绩提升之间的相关性进行实证检验，设计模型一，见式(17-1)。

模型一：

$$\begin{aligned}\text{Performance} = {} & \beta_0 + \beta_1 \times \text{Patent} + \beta_2 \times \text{Firm Character} + \\ & \beta_3 \times \text{Corporate Governance} + \sum \text{industry} + \\ & \sum \text{year} + \varepsilon \end{aligned} \tag{17-1}$$

17.2.2　变量解释

被解释变量公司业绩(Performance)使用总资产收益率 ROA 作为代理变量，在稳健性检验中我们使用净资产收益率 ROE 代替 ROA 作为被解释变量，以检验实证结果的稳健性。

解释变量企业家创新成果(Entrepreneurs' Innovation)使用董事长(兼总经理)参与研发并得到授权专利数(Patent)作为代理变量,并细分为发明专利(Invention)、实用新型专利(Utility)和外观设计专利(Appearance Design),以观测不同专利对于公司业绩的不同效应,形成模型二—模型五,即式(17-2)—式(17-5)。

模型二:

$$\begin{aligned} \text{Performance} = &\beta_0 + \beta_1 \times \text{Invention} + \beta_2 \times \text{Utility} + \\ &\beta_3 \times \text{Appearance Design} + \beta_4 \times \text{Firm Character} + \\ &\beta_5 \times \text{Corporate Governance} + \\ &\sum \text{industry} + \sum \text{year} + \varepsilon \end{aligned} \tag{17-2}$$

模型三:

$$\begin{aligned} \text{Performance} = &\beta_0 + \beta_1 \times \text{Invention} + \beta_2 \times \text{Firm Character} + \\ &\beta_3 \times \text{Corporate Governance} + \\ &\sum \text{industry} + \sum \text{year} + \varepsilon \end{aligned} \tag{17-3}$$

模型四:

$$\begin{aligned} \text{Performance} = &\beta_0 + \beta_1 \times \text{Utility} + \beta_2 \times \text{Firm Character} + \\ &\beta_3 \times \text{Corporate Governance} + \\ &\sum \text{industry} + \sum \text{year} + \varepsilon \end{aligned} \tag{17-4}$$

模型五:

$$\begin{aligned} \text{Performance} = &\beta_0 + \beta_1 \times \text{Appearance Design} + \beta_2 \times \text{Firm Character} + \\ &\beta_3 \times \text{Corporate Governance} + \\ &\sum \text{industry} + \sum \text{year} + \varepsilon \end{aligned} \tag{17-5}$$

公司财务特征(Firm Character)、公司治理特征都是影响公司的重要因素,我们将其作为控制变量加以控制。公司规模(Size)、财务杠杆(Leverage)是企业重要的财务特征,与创新产出和公司业绩之间存在着较大关联。董事长-CEO(Chair CEO Dummy)主要关注董事长和 CEO 是否为同一人,若是同一人,则对于公司经营会有更强的管理控制权,主导公司决策的制定。企业业绩会随着行业和年份的不同而不同,在回归模型中我们对此也加以控制。ε 为误差项。

表 17-1　变量的主要定义和度量

变量	变量解释	数据库来源	参考文献
因变量 Performance			
总资产收益率 ROA	$\frac{\text{息税前利润}\times 2}{(\text{期初总资产}+\text{期末总资产})}\times 100$	万德(WIND)数据库	Adams，Almeida and Ferreira (2005)[2]
净资产收益率 ROE	$\frac{\text{净利润}}{\text{平均净资产}}\times 100$	万德(WIND)数据库	Nadkarni and Herrmann (2010)[7]
自变量:企业家创新成果 Entrepreneurs' Innovation			
Patent	企业家参与研发的专利总量	中国知识产权局	Cornaggia，Mao，Tian 等 (2015)[19]
Invention	企业家参与研发并得到授权的发明专利		
Utility Model	企业家参与研发的实用新型专利		
Appearance Design	企业家参与研发的外观设计专利		
控制变量			
公司财务特征 Firm Character:			
Size	公司总资产的自然对数	万德(WIND)数据库	Iii and Mueller(2002)[35]
Leverage	资产负债率	万德(WIND)数据库	Adams，Almeida and Ferreira (2005)[2]
公司治理特征:Corporate Governance			
Chair CEO Dummy	董事长与经理是否同一人	(WIND)数据库	(Bhagat and Bolton,2008)[36]

创新带来的产出有滞后效应，我们将解释变量递延一年，以便真实地观测企业家创新对于公司业绩的影响。为控制异方差对于回归结果的影响，我们采用稳健的回归、标准误及 T 值。

其中，模型中使用的变量的定义和度量见表 17-1。

17.3 实证分析

17.3.1 主要变量描述性统计

模型中主要变量的描述性统计特征见表 17-2。

表 17-2 主要变量的描述性统计特征

变量	观测数	均值	标准差	极小值	极大值
Size	1 900	8.92	0.34	7.91	10.40
ROA	1 900	9.7	8.9	−45.4	130.2
ROE	1 900	11.8	12.2	−142.2	148.8
Patent	1 900	4	16	0	318
Invention	1 900	1	2	0	40
Utility Model	1 900	2	10	0	201
Appearance Design	1 900	1	3	0	72

从表 17-2 中可以看出，样本中的公司规模均值为 8.92，与其极大值、极小值之间的差异不大，这表明这些公司的规模相当，都具有一定的实力。从 ROA 和 ROE 的分布区间来看，样本公司的财务业绩波动性较大。样本中每一家公司一年取得专利的平均数量为 4 件，其中实用新型专利数量最多，为每年 2 件，这表明样本公司在创新活动方面表现活跃。

相关性系数表见表 17-3。

表 17-3 相关性系数表

变量	ROA	ROE	Leverage	Size	Chair CEO Dummy	Patent	Invention	Utility	Design
ROA	1								
ROE	0.92	1							
Leverage	0.08	0.19	1						
Size	−0.43	−0.38	0.07	1					

(续表)

变量	ROA	ROE	Leverage	Size	Chair CEO Dummy	Patent	Invention	Utility	Design
Chair CEO Dummy	0.21	0.22	0.09	−0.24	1				
Patent	−0.01	0.01	0	0.05	0.05	1			
Invention	0.05	0.06	0	0	0.06	0.78	1		
Utility Model	−0.02	0	0.02	0.06	0.03	0.95	0.66	1	
Appearance Design	−0.05	−0.04	−0.03	0.02	0.03	0.49	0.17	0.36	1

17.3.2 OLS 回归结果分析

对样本数据进行多元回归分析，以检验企业家创新与公司业绩提升之间的相关性问题。表 17-4 为 OLS 回归结果。

表 17-4 OLS 回归结果

变量	模型一	模型二	模型三	模型四	模型五
Patent	0.00 [0.18]				
Invention		0.25 [2.2]**	0.16 [1.8]*		
Utility Model		−0.02 [−0.9]		0.00 [0.00]	
Appearance Design		−0.10 [−1.74]*			−0.10 [−1.84]*
控制变量					
财务指标					
Leverage	0.061 [5.37]***	0.060 [5.3]***	0.061 [5.37]***	0.061 [5.37]***	0.060 [5.30]***
Size	−9.86 [−17]***	−9.84 [−16.99]***	−9.91 [−17.14]***	−9.85 [−16.99]***	−9.81 [−16.97]***
公司治理指标					
Chair CEO Dummy	1.91 [4.99]***	1.90 [4.99]***	1.87 [4.91]***	1.91 [5.01]***	1.94 [5.09]***
Year	控制	控制	控制	控制	控制
Industry	控制	控制	控制	控制	控制

(续表)

变量	模型一	模型二	模型三	模型四	模型五
样本量	1 900	1 900	1 900	1 900	1 900
F 值	30.53***	28.14***	30.75***	30.53***	30.76***
R square	23.58%	23.93%	23.71%	23.58%	23.72%

注：*，**，*** 分别表示 10%，5%，1%的显著性水平；[ ]内表示 T 统计量。

从模型一的检验结果来看，Patent 的系数为 0.002，在 10%水平上不显著，即企业家参与研发的专利数对公司业绩提升没有显著相关影响，表明模型一中的实证结果与假设 H1 不一致。我们认为实证结果与假设 H1 不一致的原因在于模型一中的 Patent 包含所有专利。因为我们从后面对模型二的检验结果中发现，企业家参与研发的发明专利、实用新型专利和外观设计专利对于公司业绩的影响各不相同，既有显著正相关也有显著负相关，两种效应相互抵消。而且，在样本专利量中，实用新型专利和外观设计专利之和所占的比例高达 82%，与公司业绩无相关性的实用新型专利所占比例达到 65%(图 17-2)，对于专利总量的影响最大，由此造成了企业家参与研发的专利量对公司业绩提升无相关性的结果。

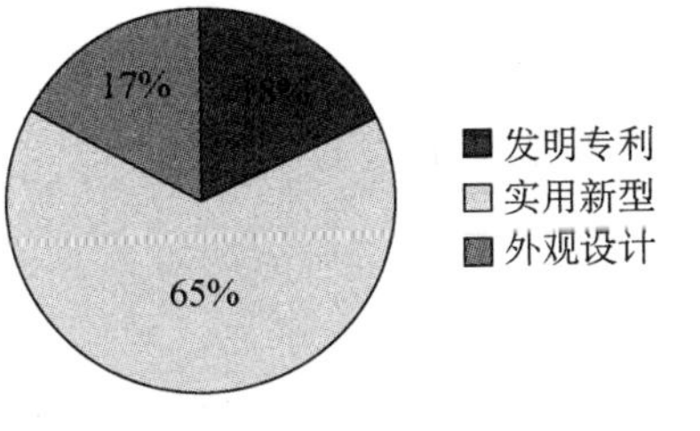

图 17-2　企业家参与研发的专利类别比例图

在模型二的检验结果中，发明专利的系数为 0.25，在 5%的水平上显著正相关，这意味着发明专利的数量每增加 1 件，公司的 ROA 指标会相应提升 25%；实用新型专利的系数为－0.023，在 10%水平上不显著，表明实用新型的数量与公司业绩无相关关系；外观设计的相关系数为－0.1，在 10%水平上呈显著负相关，表明企业家参与研发的外观设计专利每增加一件，公司的资产报酬率会相应减少 1%，对于公司业绩的影响呈现负相关性。

模型二的实证结果表明企业家参与研发的专利数量不都与公司业绩呈正向相关关系，即企业家参与研发的专利量中有些专利类别与公司业绩之间存在正向相关性，比如发明专利；有些专利类别与公司业绩无关，比如实用新型专利；有些专利类别与公司业绩之间是负向相关，比如外观设计专利。因为发明专利、实用新型专利和外观设计专利在新颖性、创造性与实用性上的不同，导致它们为公司业绩带来的效用也不同。

对于与假设 H1 不一致的检验结果，我们认为是由以下原因造成的：

首先，我国对实用新型专利和外观设计专利采用初步审查制度，即初步审查时未发现实质性缺陷就给予专利权，造成实用新型专利和外观设计专利的授权标准低，创造性有限。实用新型专利只需在技术上拥有部分性成果即可进行专利申请，因此研发人员会认为即使不深入研究技术也能得到专利成果，这实际上并不会促使科技的创新进步[37]。其次，中国政府正大力号召“大众创业，万众创新”，为了鼓励科技创新，政府出台了大量专利政策，通过专利申请资助政策对专利申请人进行直接激励[38]，一些企业家可能通过参与研发实用新型来为公司塑造创新形象，争取创新红利。但实际上，技术含量低的实用新型专利对产品创新贡献有限，无法对公司业绩提升产生正面影响。

本章的研究样本专利以工业品为主，还有一些工业零部件。这些产品的关键在于实用性，对于外观美感无硬性要求，有些零件甚至不需要外观设计。当企业家参与研发外观设计时，一方面会消耗企业内部资源，形成成本，附加在产品价格中；另一方面在市场中无法形成购买吸引力，因此对于公司业绩影响呈负向相关。

我们分别对模型三、模型四、模型五进行单独检验，发现模型三、模型四、模型五的检验结果与模型二中的结果一致，证明了模型二的稳健性。实证结果显示，在模型三中，发明专利的相关系数为 0.17，在 10%水平上呈现显著正相关，符合假设 H2-a 的预期。

通过对以上回归结果的分析，我们发现只有假设 H2-a 在实证检验中得到预期验证，其他假设在 OLS 回归中并未得到预期结果。

控制变量与公司业绩均呈高度显著正相关。在 5 个模型的检验结果中，Leverage 和 Chair CEO Dummy 等控制变量均在 1%水平同公司业绩显著正相关，公司规模与公司业绩之间为高度负相关。在之后的稳健性检验中，控制变量与公司之间的高度显著性保持不变。

17.3.3 稳健性检验

1. 异方差检验

通常 OLS 推断在出现异方差时会出现错误，异方差问题会对模型解释产生一些不利影响，包括最小二乘估计不再是有效估计，增大模型的预测误差和降低 T 检验的可靠性，从而影响用 T 检验来判断自变量影响的显著性。因此，我们需要通过异方差-稳健性程序对样本数据进行再次检验。表 17-5 为控制异方差的稳健性检验结果。

表 17-5　控制异方差的稳健性检验

变量	模型一	模型二	模型三	模型四	模型五
Patent	0.00 [0.22]				
Invention		0.25 [1.86]*	0.16 [1.86]*		
Utility Model		−0.02 [−0.79]		0.00 [0.00]	
Appearance Design		−0.10 [−2.1]**			−0.10 [−2.11]**
控制变量					
财务指标					
Leverage	0.061 [6.71]***	0.060 [6.61]***	0.061 [5.37]***	0.061 [6.71]***	0.060 [6.60]***
Size	−9.86 [−12.53]***	−9.84 [−12.49]***	−9.91 [−17.14]***	−9.85 [−12.51]***	−9.81 [−12.49]***
公司治理指标					
Chair CEO Dummy	1.91 [5.52]***	1.90 [5.51]***	1.87 [5.44]***	1.91 [5.55]***	1.94 [5.64]***
Year	控制	控制	控制	控制	控制
Industry	控制	控制	控制	控制	控制
样本量	1 900	1 900	1 900	1 900	1 900
F 值	24.51***	22.66***	24.74***	24.50***	24.68***
R square	23.58%	23.93%	23.71%	23.58%	23.72%

注：*，**，*** 分别表示 10%，5%，1%的显著性水平；[ ]内表示稳健的 T 统计量。

表 17-5 中的回归结果同前面 OLS 回归结果保持一致，因此该样本的实证结果通过异方差检验。

2. 替换被解释变量

为了验证 OLS 回归结果的稳健性，我们在控制异方差-稳健性的基础上用 ROE 替换原来的被解释变量 ROA，其检验结果如表 17-6 所列，因其回归结果同 OLS 回归结果、异方差-稳健性回归结果一致，说明 OLS 回归结果是稳健的。

表 17-6　用 ROE 替换 ROA 的控制异方差的稳健性检验

变量	模型一	模型二	模型三	模型四	模型五
Patent	0.01 [0.94]				
Innovation		0.28 [1.75]*	0.23 [2.22]**		
Utility Model		−0.01 [−0.17]		0.02 [0.91]	
Appearance Design		−0.13 [−2.04]**			−0.11 [−1.72]*
控制变量					
财务指标					
Leverage	0.17 [8.56]***	0.16 [8.48]***	0.17 [8.55]***	0.17 [8.54]***	0.16 [8.49]***
Size	−11.53 [−10.38]***	−11.51 [−10.36]***	−11.57 [−10.43]***	−11.53 [−10.38]***	−11.43 [−10.35]***
公司治理指标					
Chair CEO Dummy	2.71 [5.74]***	2.71 [5.75]***	2.68 [5.70]***	2.72 [5.77]***	2.77 [5.89]***
Year	控制	控制	控制	控制	控制
Industry	控制	控制	控制	控制	控制
样本量	1 900	1 900	1 900	1 900	1 900
F 值	32.74***	30.29***	33.09***	32.71***	32.98***
R square	24.56%	24.81%	24.68%	24.55%	24.61%

注：*，**，*** 分别表示 10%，5%，1%的显著性水平；[ ]内表示稳健的 *T* 统计量。

第 18 章　研究结论与展望

18.1　研究结论

本篇实证检验了企业家的创新能力与公司业绩提升之间的相关关系，研究过程中利用 2011—2014 年间我国创业板上市公司中有企业家参与研发的专利数与期间公司财务业绩变化情况进行多元回归分析，实证结果表明：

第一，如果不对企业参与研发的专利进行类别细分，只用企业参与研发的专利数量作为衡量企业家能力的标准，无法证明企业家创新能力与公司业绩间存在相关关系。

第二，企业家参与研发并得到授权的发明专利数量与公司业绩间存在显著正向相关关系，证明企业家的创新能力能够显著提升公司业绩。

第三，企业家参与研发的实用新型专利量与公司业绩之间无相关关系。企业家参与研发的外观设计专利与公司业绩间存在负向相关关系。

18.2　研究贡献

本篇基于高层阶梯理论、动机不对称理论和企业创新的角度，通过文献阅读和实证研究的方法对企业家创新能力是否能提升公司业绩这一问题进行了探讨研究，并取得一定的成果，一方面丰富了企业家创新方面的理论研究，另一方面对未来企业家的创新方向指导以及对现有中国专利制度的完善发展有着积极的现实意义。

当企业家利用自身创新能力开展创新活动时，可以考虑将侧重点放在发明专利的开发上，一方面对企业可支配的资源进行优化配置，集中优势资源有的放矢，促进发明专利的研发成功；另一方面利用企业家在资源、能力和动机方面的优势，对创新程度高的发明专利进行市场化，获得创新利润，以达到提升公司业绩的最终目标。

同时，我国的专利制度对于创造性程度较高的发明专利，采用先公开后审查的实质审查制，对实用新型专利和外观设计专利则采用粗糙的初步审查制。因此也导致了大量创造性并不高的实用新型专利和外观设计专利的存在，影响专利质量，造成名不符实的“创新”，这一点在本篇研究结果中得到了证实。因而，我国现有专利制度在审查机制和专利质量控制方面上存在不足，亟须进一步的改进和完善。

18.3 不足与展望

本篇的研究尚存在一定的局限性：企业家的创新能力还包括商业模式创新。企业实现技术创新后需要后续的商业模式创新来最大化创新价值，企业家是商业模式创新的主体。现存的对企业家商业模式创新的研究主要是定性研究[39]。这些研究大多停留在概念研究阶段，未对企业家在商业模式创新能力进行量化，因而本篇在研究企业家商业模式创新部分缺乏实证文献的支持。

本篇参考文献

[1] BERSON Y, OREG S, DVIR T. CEO values, organizational culture and firm outcomes [J]. Journal of Organizational Behavior, 2008, 29(5):615-633.

[2] ADAMS R B, ALMEIDA H, FERREIRA D. Powerful CEOs and their impact on corporate performance[J]. Review of Financial Studies, 2005, 18(4):1403-1432.

[3] HAMBRICK D C, MASON P A. Upper echelons: the organization as a reflection of its top managers[J]. Academy of Management Annual Meeting Proceedings, 1984, 9(2): 193-206.

[4] LAWRENCE B S. The black box of organizational demography [J]. Organization Science, 1997, 8(1):1-22.

[5] HIRSHLEIFER D, LOW A, TEOH S H. Are overconfident CEOs better innovators? [J]. Journal of Finance, 2012, 67(4):1457-1498.

[6] YANG S, KANG H H. Is synergy always good? Clarifying the effect of innovation capital and customer capital on firm performance in two contexts[J]. Technovation, 2008, 28(10):667-678.

[7] NADKARNI S, HERRMANN P. CEO personality, strategic flexibility, and firm performance: the case of the indian business process outsourcing industry[J]. Academy of Management Journal, 2010, 53(5):1129-1130.

[8] LEIFER R, O'CONNOER G C. Implementing radical innovation in mature firms: the role of hubs[J]. Academy of Management Executive, 2001, 15(3):102-113.

[9] RAJAGOPALAN N, SPREITZER G M. Toward a theory of strategic change: a multi-lens perspective and integrative framework [J]. Academy of Management Annual Meeting Proceedings, 1997, 1996(1):48-79.

[10] 洪银兴.科技创新中的企业家及其创新行为:兼论企业为主体的技术创新体系[J].中国工业经济,2012,(6):83-93.

[11] FENG H, MORGAN N A, REGO L L. Marketing department power and firm performance[J]. Journal of Marketing, 2015, 79(5):1-20.

[12] ADAMS R, ALMEIDA H, FERREIRA D. Understanding the relationship between

founder-CEOs and firm performance[J]. Journal of Empirical Finance, 2009, 16(1): 136-150.

[13] PETERSON R S, SMITH B, MARTORANA P, et al. The impact of chief executive officer personality on top management team dynamics: one mechanism by which leadership affects organizational performance[J]. Journal of Applied Psychology, 2003, 88(5):795-808.

[14] PETERSON S J, WALUMBWA F O, BYRON K, et al. CEO positive psychological traits, transformational leadership, and firm performance in high-technology start-up and established firms[J]. Journal of Management, 2009, 35(1):348-368.

[15] ARAGÓN-CORREA J A, CORDÓN-POZO E. Leadership and organizational learning's role on innovation and performance: Lessons from Spain[J]. Industrial Marketing Management, 2007, 36(3):349-359.

[16] SAITO H, NAKAZATO T, ISHII N, et al. The moderating role of organizational context on the relationship between innovation and firm performance [J]. IEEE Transactions on Engineering Management, 2011, 58(3):431-444.

[17] TSAI K H, YANG S Y. The contingent value of firm innovativeness for business performance under environmental turbulence [J]. International Entrepreneurship & Management Journal, 2014, 10(2):343-366.

[18] MAKRI M, LANE P J, GOMEZ-MEJIA L R. CEO incentives, innovation, and performance in technology-intensive firms[J]. Strategic Management Journal, 2006, 27(11):1057-1080.

[19] CORNAGGIA J, MAO Y, TIAN X, et al. Does banking competition affect innovation? [J]. Journal of Financial Economics, 2015, 115(1):189-209.

[20] 熊彼特.熊彼特:经济发展理论[M].邹建平,译.北京:中国画报出版社,2012.

[21] FIRTH M, FUNG P M Y, RUI O M. Firm performance, governance structure, and top management turnover in a transitional economy[J]. Journal of Management Studies, 2006, 43(6):1289-1330.

[22] HAMBRICK D C. Upper echelons theory: an update[J]. Academy of Management Review, 2007, 32(2):334-343.

[23] PARVINEN P, TIKKANEN H. Incentive asymmetries in the mergers and acquisitions process[J]. Journal of Management Studies, 2007, 44(5):759-787.

[24] AKERLOF G A. The market for lemons: quality, uncertainty and market mechanism [J]. Quarterly Journal of Economics, 1970, 84(3):488-500.

[25] BOEH K K. Contracting costs and information asymmetry reduction in cross-border

M&A[J]. Journal of Management Studies, 2011, 48(3):568-590.

[26] EISENHARDT K M. Agency theory: an assessment and review[J]. Academy of Management Review, 1989, 14(1):57-74.

[27] WILLIAMSON O E. Transaction cost economics and the Carnegie connection[J]. Journal of Economic Behavior & Organization, 1996, 31(2):149-155.

[28] WILLIAMSON O. E. The mechanisms of governance[M]. New York: Oxford University Press, 1993.

[29] JOHNSON J L, LEE P W, SAINI A, et al. Market-focused strategic flexibility: Conceptual advances and an integrative model[J]. Journal of the Academy of Marketing Science, 2003, 31(1):74-89.

[30] 汪金爱,宗芳宇.国外高阶梯队理论研究新进展:揭开人口学背景黑箱[J].管理学报,2011,08(8):1247-1255.

[31] GALENDE J. Analysis of technological innovation from business economics and management[J]. Technovation, 2006, 26(3):300-311.

[32] JUNG D, WU A, CHOW C W. Towards understanding the direct and indirect effects of CEOs' transformational leadership on firm innovation[J]. Ssrn Electronic Journal, 2008, 19(5):582-594.

[33] 吉云,姚洪心.企业家才能与创新机会的动态匹配模型:对企业家创新决策的含义[J].南方经济,2011,2011(8):64-74.

[34] BERNSTEIN S. Does going public affect innovation? [J]. The Journal of Finance, 2015, 70(4):1365-1403.

[35] III V L B, MUELLER G C. CEO characteristics and firm R&D spending[J]. Management Science, 2002, 48(6):782-801.

[36] BHAGAT S, BOLTON B. Corporate governance and firm performance[J]. Journal of Corporate Finance, 2008, 14(3):257-273.

[37] 何甜田.我国专利质量问题研究[D].济南:山东大学,2014.

[38] 曾铁山,朱雪忠,袁晓东,等.基于市场化导向的我国专利政策功能定位研究[J].情报杂志,2013,(7):131-136.

[39] 王雪冬,董大海.商业模式创新概念研究述评与展望[J].外国经济与管理,2013,35(11):29-36.